中国城乡规划与多支持系统前沿研究丛书 | 刘合林主编

国家千人计划青年项目（D1218006）资助成果

城市风险管理决策与规划
Urban Risk Management Decision-Making and Planning

李响宇　刘合林　著

东南大学出版社
SOUTHEAST UNIVERSITY PRESS
南京·2020

内容提要

近年来，各种自然灾害和社会灾害频发，对人类社会环境尤其是高密度的人类聚居空间——城市造成了巨大的损失和创伤。因此，以塑造和建设理想人居环境为基本目标的城乡规划，十分有必要充分认识和研究城市灾害风险的管理决策和规划应对问题。基于此，本书就灾害风险管理的类型、决策工具、风险交流、规划应对进行了深入讨论，并对自然风险、社会风险和财政风险三个典型风险管理决策实践进行了阐述。最后，本书对风险管理决策中颇具争议的相关理念、概念进行了深入思考。

本书可供国家有关部门决策者、国土空间规划和城乡规划、人文地理以及致力于改善人居环境、提升城市灾害风险应对能力的相关领域科研人员和高校师生参考。

图书在版编目（CIP）数据

城市风险管理决策与规划 / 李响宇，刘合林著 . —南京：东南大学出版社，2020.6
（中国城乡规划与多支持系统前沿研究丛书 / 刘合林主编）
ISBN 978-7-5641-8949-5

Ⅰ.①城… Ⅱ.①李… ②刘… Ⅲ.① 城市管理 – 风险管理 – 管理决策 – 研究 – 中国 ②城市管理 – 风险管理 – 管理规划 – 研究 – 中国 Ⅳ.① D63

中国版本图书馆 CIP 数据核字（2020）第 109108 号

Chengshi Fengxian Guanli Juece Yu Guihua

书　　名：	城市风险管理决策与规划
著　　者：	李响宇　刘合林
责任编辑：	徐步政　周　娟　　　邮箱：1821877582@qq.com
出版发行：	东南大学出版社　　　社址：南京市四牌楼 2 号（210096）
网　　址：	http://www.seupress.com
出 版 人：	江建中
印　　刷：	江苏凤凰数码印务有限公司　排版：南京凯建文化发展有限公司
开　　本：	787mm×1092mm　1/16　印张：8.25　字数：201 千
版 印 次：	2020 年 6 月第 1 版　2020 年 6 月第 1 次印刷
书　　号：	ISBN 978-7-5641-8949-5　定价：39.00 元
经　　销：	全国各地新华书店　　　发行热线：025-83790519　83791830

* 版权所有，侵权必究
* 本社图书如有印装质量问题，请直接与营销部联系（电话或传真：025-83791830）

前言

在过去的40年时间里，我国的城乡规划工作无论是在实践上还是在理论上，抑或是在学科发展上都取得了巨大的进步。改革开放，为规划实践提供了广阔的空间。40多年的丰富实践，一方面为地方经济发展和城市建设提供了引领性和前瞻性的决策参考，另一方面也为具有中国原生性规划理论的孕育发展提供了可能，并为国际规划理论的引入和改进提供了大量实证支撑。与此同时，规划实践过程中遇到的问题、成功的经验和城市发展过程中的实际规划需求也进一步促进了我国规划学科的发展和完善。

与我国以经济建设为中心的总体战略相适应，改革开放以来我国的城市（乡）规划被赋予了"龙头引领"和"促进城市（经济）增长"的重要角色。因此，一直以来在规划实践中规划师和政府对"增长"给予了极大的关注，对生态、环境等问题的关注则相对较弱。而有关城市发展的灾害风险问题的讨论及其规划，则往往被忽视，在学科发展和规划教育上这一领域也长期被置于边缘位置。

近年来，受全球气候变化和地壳运动的影响，各种自然灾害频发，不仅造成了大量的人员伤亡和财产损失，还造成了严重的社会心理创伤问题，甚至引起经济波动和社会生活混乱。此外，在国际政治矛盾和意识形态冲突日益显著、全球化和反全球化双向角力的条件下，恐怖袭击事件似乎已经不局限于战争场景，而有很大的可能发生在人口密度极高的大都市地区。世界城市经济的发展可能会受到各种冲击而面临各种潜在发展风险，例如：当前日趋严重的"城市收缩"问题，甚至是诸如底特律的城市破产问题。

这些问题归结起来，我们可以将其统称为城市发展过程中可能面临的"灾害风险"。在我国的规划实践和规划教育中，也有关于灾害的规划编制内容，有诸如《城市防灾学》等教育内容。尤其是2008年后，无论是在规划理论探讨，规划教育内容，还是在规划实践方法上，有关"灾害"的内容都得到高度的重视和强化。但是，从系统的灾害风险管理角度来看，我国当前的规划实践和规划教育中依然存在如下几个显著问题：第一，规划编制所涉及灾害类型的局限性。目前有关灾害的规划编制内容多局限于自然灾害，例如：洪水、地震，但事实上灾害的类型远不止这些内容。第二，规划编制内容的不完整性。完整的灾害风险规划和管理应该包括防灾、备灾、救灾和恢复（重建）四大板块，而当前的规划实践多聚焦于恢复（重建）和救灾。第三，相关规划教育内容的整体性和系统性不足，主要表现为有关社会经济风险内容的匮乏，自然、社会、经济作为一个系统的相互关联的理论探索以及有关评估工具、制度建设等方面的内容的缺失。

基于上述观察和思考，本书尝试从风险和风险管理角度出发，系统讨论有关灾害风险、灾害风险管理和灾害风险中的规划的概念内涵、框架体系、理论逻辑、实践工具、制度建设以及国内外实践经验与研究方法等内容，以期服务于我国规划实践需要和促进我国规划学科的发展和完善，有效提升我国人居环境在防灾、备灾、救灾和恢复等方面的能力水平，从而降低因灾害引起的损失和伤亡。

本书共分9章。第1章从规划和政策分析工具的角度，阐述了风险的概念内涵。第2章以风险的概念为依据，介绍了城市灾害风险管理及其类型。第3章探讨风险管理决策过程的基本特点以及此决策过程中常用的典型风险工具。第4章讨论了风险和决策过程中风险传递和交流的几种经典模型框架。第5章以风险周期为参照，探讨不同周期阶段中的不同群体的角色及在不同周期中的规划内容和要点。第6章、第7章和第8章分别讨论了城市化地区的自然风险、社会动荡和公共安全风险以及地方经济和公共财政风险的类型、基本特征及典型应对方法。第9章回到灾害风险这个概念本身，从其理论的逻辑架构、伦理基础、认识论和方法论等方面进行了思考，并讨论了城市风险这一议题的未来发展矛盾和可能。

本书写作大纲由李响宇、刘合林统一制定，全书由李响宇、刘合林校核统稿。本书各章作者如下：第1章为李响宇；第2章为吴伟宁、李响宇；第3章为李响宇；第4章为李响宇、刘合林；第5章为李响宇、刘合林；第6章为吴伟宁、李响宇、刘合林；第7章为李响宇；第8章为孙景冉；第9章为李响宇。

因作者知识所限，本书中如有不妥之处，恳请相关领域的专家学者批评指正。书中可能出现的学术错误，也应归因于作者本人。

感谢一直以来默默支持我们的家人、朋友和同行学者，使得我们不断前进和进步；感谢东南大学出版社徐步政和孙惠玉编辑的大力支持和周全策划，使得本书能够顺利按时完成；同时，感谢东南大学出版社其他工作人员的校核和辛勤付出，使得本书能够及时与读者见面。

李响宇　刘合林

2019年8月8日于武汉喻园

目录

前言

1 作为规划和政策分析工具的风险概念 001
1.1 决策的基本问题 002
1.1.1 决策什么 003
1.1.2 由谁决策 005
1.1.3 决策过程 005
1.2 风险的含义 006
1.2.1 风险与不确定性 007
1.2.2 风险意识 008
1.2.3 风险与脆弱性 009

2 城市灾害风险管理类型 011
2.1 城市与权威机构 011
2.2 或然性灾害风险管理 012
2.2.1 前提条件和假设 012
2.2.2 不同阶段的风险分析 013
2.2.3 实施风险管理 014
2.3 基于军队的灾害风险管理 015
2.4 应急管理 018
2.4.1 应急管理的四阶段 018
2.4.2 脆弱性 019
2.4.3 韧性 019
2.4.4 典型实践 020

3 决策过程中的风险工具 025
3.1 地方政府决策过程 026
3.1.1 决策周期 026
3.1.2 风险与依据 027
3.1.3 决策的输入、输出和结果 032
3.2 折现 034
3.2.1 或然性折现 034
3.2.2 时间折现 035

3.3 不确定性 ... 037
　　3.3.1 来源 ... 038
　　3.3.2 应对方法 ... 039
3.4 瞄准"好苹果" ... 040
　　3.4.1 好苹果与坏赌注 ... 041
　　3.4.2 拨款公式 ... 042

4 决策过程中的风险交流 ... 046
4.1 防护行为决策模型 ... 047
　　4.1.1 所见与所想 ... 048
　　4.1.2 从意识到决定 ... 049
　　4.1.3 应对行为 ... 050
4.2 风险的社会放大与收缩 ... 050
　　4.2.1 意识和行为的放大与收缩 ... 052
　　4.2.2 涟漪效应 ... 052
　　4.2.3 长远影响 ... 053
4.3 思维模型方法 ... 054
4.4 风险应对行为的迷思与现实 ... 055
　　4.4.1 僵尸来袭 ... 056
　　4.4.2 大难临头各自飞 ... 059
　　4.4.3 领导先走 ... 059
　　4.4.4 军事接管 ... 060

5 风险周期中的规划 ... 064
5.1 政策周期中的规划 ... 064
　　5.1.1 市场风险与规划 ... 065
　　5.1.2 政治影响与规划 ... 067
　　5.1.3 专家视角：协调与冲突 ... 068
5.2 危机管理周期中的规划 ... 069
　　5.2.1 防灾与减灾规划 ... 069
　　5.2.2 备灾规划 ... 071
　　5.2.3 应对规划 ... 072
　　5.2.4 复原规划 ... 074

6 城市化地区的自然风险 ... 077
6.1 地震灾害 ... 077

6.1.1 特征 078
　　　6.1.2 案例 078
　6.2 降水灾害 081
　　　6.2.1 特征 081
　　　6.2.2 影响 082
　　　6.2.3 案例 082
　6.3 风灾 084
　　　6.3.1 特征及影响 084
　　　6.3.2 案例 085
　6.4 社会脆弱群体 086
　　　6.4.1 特征 086
　　　6.4.2 案例 087

7 社会动荡与公共安全 090
　7.1 群体性事件 090
　　　7.1.1 起因 091
　　　7.1.2 应对与疏解 093
　7.2 恐怖袭击 095
　　　7.2.1 恐怖袭击的特征与实施 095
　　　7.2.2 媒体的作用 096
　　　7.2.3 城市恐袭的预防与应对 097

8 税收、地方经济以及公共财政风险 103
　8.1 地方财政学基础理论 103
　8.2 中美财政体制 104
　8.3 财政风险 106
　　　8.3.1 我国地方政府的财政风险 106
　　　8.3.2 美国地方政府财政风险案例 108
　　　8.3.3 财政风险实证研究 109
　8.4 小结 110

9 一点哲学思考 114
　9.1 客观与意识之争 114
　　　9.1.1 客观风险的假设 114
　　　9.1.2 主观风险：风险意识 115
　9.2 韧性、海绵城市及其测度 116

  9.2.1 跨学科的"韧性"概念 117
  9.2.2 "事前"还是"事后" 118

9.3 城市风险研究：跨学科还是多学科 119
  9.3.1 多学科的风险研究 120
  9.3.2 成长中的跨学科专业 120

1 作为规划和政策分析工具的风险概念

2015年，美国得克萨斯州通过立法，允许有持枪许可证（License to Carry）的公民携带枪支进入校园。虽然若干州已有类似的校园持枪法律，此举仍在坊间引起热烈讨论。且不论争执各方的立论基础各有多少可靠的科学性，作为一线人员的大学校警可都急秃了顶。一时间，各大学大规模组织各类安全培训，免费提供给全校师生，甚至请警察局局长亲自出面，携手德高望重的教员巡视官鼓励大家前来学习如何自保。培训讲座大多实用精彩，与会教职工们也频频举手提问，但有两个最为根本的问题却很少有人问及：有多大必要如此担忧？一个讲座又有多大效果？

这两个问题所涉及的，实则是关于任何一个理性计划或者决策的两个基本方面：风险和收益。在参会众人眼中，这两个问题的答案恐怕属于"不言自明"：允许更多人带枪入校，自然更大可能会有枪击事件；培训只占用区区一小时和一间空教室，但万一遇到枪手或许能多点机会存活——毕竟生命是无价的。无论智慧高低，时间松紧，决定是否参加培训大约只在转念之间，最多把原计划这一小时的活动向后推推，如"今晚要加班，所以下周再去钓鱼"，或者取消了事。

然而这样的决策真的是最适当的吗？倘若将"适当"定义为"科学"和"客观"，则上一段中的"自然""区区""万一""无价"统统值得商榷。政策分析师们或许会做如下论述：第一，"自然"二字默认了一个很强的因果关系——如果允许更多人合法持枪进入校园，就会造成更多枪击案件。但是其他州的立法经历和有限的实证研究并未发现这两个指标之间有显著的统计相关性——当然允许校园携枪也并未减少案件发生[1-2]。第二，占用"区区"一小时和一间空教室的社会成本有可能远高于我们的直觉判断：上百人打断当天工作计划势必占用大量本应进行其他社会活动的时间，从而影响到更多人的安排；一间教室即便仅仅使用一小时，消耗的空调、灯光、清扫、桌椅折旧成本与使用一整天区别不大，也损失了本可提供给学生社团使用并向其收取的费用；警察局局长和巡视官为了一小时讲座可能要花费三四倍时间准备材料而无暇他顾，这无形中降低了整个大学的校园安全和教员服务水平。第三，"万一"为虚指，而客观的成本与收益估算则需要经过实证检验的数字（或然性）予以明确。最后，不论道德和情感如何判定，一个人的生命在政策过程中却是有明确标价的——只不过一条命的价格基数在各国各行业有所不同，折算系数也随年龄、健康、性别等人口统计指标而变化。

话虽如此，但极少有人会为了听一场讲座如此大动干戈。这样的决策基本只影响决策者本人，并无太多"外部性"，所以，一个人只要认为校园持枪增加的风险或参加讲座的收获大于打乱一小时计划的折腾，就可以理直气壮地走进那间教室，并把决定过程抛之脑后。

涉及公共利益的决策则不应如此简单。诚然，一般民众若事不关己或关系有限，也多不会在意是谁、由何方法、为何目的做出的决定。但任何公共政策都会涉及决策者之外的利益相关人，彼此之间又众口难调，加上资源的稀缺性，总会有人受损，有人受益。此时如何保证决策合理、实施有效，则取决于制度、流程、管理、技术等多重因素的共同作用。优良的决策亦可强化这些因素的合理性和管治的正当性，有助于公共部门的可持续性。通俗来讲，决定公共事务往往需要公众的参与，但"一人一票"的直接民主不仅低效而且充满自相矛盾的假设，绝对集中则往往失之偏颇并缺乏监督，所以需要在"民主"和"集中"之间找到合适的平衡点来设计制度。

然而找平衡的过程，对于决策者（同时也是制度设计者）来说，也是风险高企。技术精英、民选政客、利益团体统统可以自称社会利益的最终代言人；机会均等、过程合法、结果平均等理念互相冲突又相辅相成；何时依赖自由市场里"看不见的手"或判定市场失效而请政府介入在各界均难有定论……选择不慎的话，常有短期皆大欢喜但贻害后世，或有利长治久安但眼下民怨沸腾的情况。故而成熟的制度总伴随动态平衡的空间，随时适应价值观的此消彼长，但同时不失刚性以维护原则。

本书从风险的角度解读城市公共事务和决策中的上述平衡问题。任何决策以及确定决策过程的参与者均会权衡计较得失，无论其目的如何——或为个人，或为集体，或为组织，或为社区。而此权衡则依托于对风险的估量。各个学科对风险的认知往往集中于两个范畴：统计或然性（环境科学、经济学、政治学、商学、政策分析等）和主观意识（社会学、心理学、公共行政、危机管理等），主导了各类利益相关人的立场和行为。因而本书也着眼于这两大类风险在城市决策中的冲突与合作，分析多个中外案例，同时为政府官员、规划师、学者和学生提供理论和实践参考。

1.1　决策的基本问题

无论中外古今，有了文明，就有了私产；有了私产，就需要城池来保护；私产有了剩余，就需要市集来交换，于是城市应运而生。城市是一块巨大的磁石，源源不断地吸引着人员、物产、金钱，把最基本的生产职能留在了地广人稀的农村。城市集中了如此多的人口和资源，自然也集中了空前的风险和复杂性，还集中了最强烈的意愿来解决这如许杂乱的问题。本书中的城市是与乡村相对的概念，具体而言，一个城市的主导产业须在农业、林业、畜牧业、渔业等"第一产业"之外，须在明确的行政界线内有明显高于乡村的人口和建筑密度，也需要一个或多个明确的行政主体为公共事务作决策。这个描述可以包容各章节对城市社区的定义，且不至于范围过广而界定不明。

东西方和各学科对社区的理解则更有弹性。以美国为例，在社会科学研究中，常常可以看到一个超级大都市（譬如芝加哥或纽约）与西部平原小镇［如得克萨斯州一个两千人口的小镇哈皮（Happy）］并称"社区"（Community），仿佛只要有一个相对完整的公共产品（或服务）生产—消费网络，就可以冠此名称。而中文语境下，社区的地理范围似乎小很多，甚至常常与"邻里"（Neighborhood）互换。比方说，一个或几个相邻的住宅小区，居民的收入相近、使用的公用设施（公园、广场）相同、人们互相交流频繁，人们就会把这片区域归为一个"社区"。具体的学术定义在第2章"城市灾害风险管理类型"中有详细论述，但全书基本沿用一个较为宽泛的描述，即一个城市社区至少须能自洽：社区居民可以在此社区的地理界线内实现基本的生活需求。

而"决策"这一名词，在本书中通常可与"政策"或"决定"互换且不致影响理解。但三个词的含义在正式性和公共性上仍有细微差异："决定"的范围最广，小至个人或家庭，广至机构或国家层面均可以作为行为主体；"决策"和"政策"更适于正式场合，且暗含影响公共利益的意思；"政策"往往集中于公共部门，并以集体形式通过一定的程序作出。在各章的主题中，"决策"一词最能适合不同的语境，故而下文主要用该词来讨论全书的理论背景。

1.1.1 决策什么

如前文提到的讲座，虽然人们满足生活需求时并非必需别人的参与才能作出决定，但满足需求的过程则常常涉及社会中的其他成员：购物消费会与商家打交道，用水用电需要政府铺设管线，抢险救灾也会有民间救援机构参与。这些商家、政府、民间机构代表了三种社会成员类别，按资金来源可以分别称其为"私有机构""公共机构"和"非营利机构"。他们的行为目标有很大差异，在城市社区的决策中常起到不同的作用。简言之，私有机构以利润为目的，有明确的客户和市场；公共机构服务于政治价值或意识形态，它生产的产品或服务也许有少数的直接使用者，但影响则面向全民，具体的服务和产品未必在市场中销售；非营利机构则取决于资金和资源（包括人力资源和领导力），行事往往具有私有部门或公共部门的特征，所以也可以理解为另外两个部门的延伸或补充。下表常用来描述人们在生活中遇到或购买的产品的类别，可以帮助我们明确公私两大部门的职能，回答"决策什么"的问题。

表 1-1 中的"是否具有可排他性"指生产者是否可以限制使用者，比如可否仅允许付费购买后才开放或销售给支付者使用。"是否具有竞争性"则表示使用者对产品的占用是否会影响到其他人的使用，例如研究生小明购买了本书，则小亮博士不能同时拥有这一本书，除非小明把书卖给小亮，在此情况下则存在竞争性。从生产者角度来看，可排他的产品往往可以由私有部门生产，因为可以向特定使用者收取成本或获得利润；而不可排他的产品则只能由公共部门提供，因其被赋予政治权力向全民收税。若站在需求方的角度，对竞争性产品一旦占有后就可以独享，而对非竞争性产品则不得不与他人共享。

表 1-1 社会产品分类

分类		是否具有可排他性	
		可排他	不可排他
是否具有竞争性	竞争	私有产品 （食品、服装、车位）	共有产品 （原油、矿石、鱼群）
	非竞争	计费产品 （影院、收费路、有线电视）	公共产品 （清洁空气、国防、广播）

决策时面临的问题就此相对简单了些。对于"竞争性"+"可排他"的私有产品，只要有一个相对成熟的市场，留给供需双方自己决定即可，往往不需要公共部门介入——当然，"成熟"市场本身属于不可排他的产品，另当别论。销售或购买食品和名牌手包不需要向任何机构提交申请，埋怨车位太贵的消费者也可以自己决定改乘公共交通出行。与之完全相对的公共产品基本只能由公共部门提供，仅在最初的基础设施建设中会见到私有部门承包商的身影。笔者第一次访问台北时遇到地震，彼时颇多闪念之一是，若不幸被埋但有幸挨到政府消防队赶到，救援人员恐怕不会先问清我有无向台北市纳税，也不能因我的大陆护照而留我在废墟中等待解放军来施救。我作为大陆的"旅美学者"从未对台北市有任何贡献，却可以和台北市民得到同样（或近似）的救援服务。这种"不可排他性"将逐利的私有企业和市场交换拒之门外，故而有"市场失效由政府解决"的说法。

公共部门在共有产品和计费产品中扮演的角色更加多样。计费产品的平台一旦建立，不仅惠及多人，亦可泽被多代。然而单个私有生产者常常不愿或难以负担平台的建设成本，像高速公路、电网、大型剧场等，即使合作，也需要有力的制度以威慑可能会逃避责任却享用成果的成员［所谓"搭便车"（Freerider）问题］。在地理偏远、制度不全的地区常见当地居民随意在国道省道设卡收费即是如此。他们并未出资参与道路修建，但通车后却得以从交通流量中雁过拔毛。此时公共部门就应能起到铺设平台或协调合作的作用，以公权力保障对合作者的奖励和对失责成员的惩罚。

共有产品带来的问题也可能走向另一个极端。归为这一栏的资源本质上面向全社会开放——只要在湖边支一张渔网，就有机会享用整个湖区的渔业资源，让我们耳熟能详的过度捕捞也正是因此而生。但可惜这类资源（或者任何资源）都有一定限度，人们蜂拥而上、各尽所能的掠夺已造成数不胜数的灾难——所谓"公共产品悲剧"（Tragedy of the Commons）。从经济学角度来解释，共有产品的生产者和消费者们仅为开采资源支付了极低的价格，但整个社会为此付出的成本远远高出这些价格的总和。价格和价值严重脱节，也自然是"市场失效"的一个体现，所以人们会期待公共部门能够善用权力，限制和规范对共有产品资源的开采利用。

1.1.2 由谁决策

大致明确了需要作决策的问题后，接下来需要讨论"由谁来决策"。表 1-2 可以帮助我们理解决策者的构成带来的影响。基本逻辑如下：由个人作出仅影响其一人的决定（因为天冷所以需要生火），和由集体作出影响大众的决定（投票选出代表本市服务形象的面馆）遇到的阻力最小；而个人为影响公众的大事作决定（例如独裁和精英政治）和集体决定私人的选择（如"多数人的暴政"）则往往需要强迫受众服从。

表 1-2 决策的分类

分类		"公共性"：受影响的人数	
		个人	多人
"集体性"：作决定的人数	个人	私人—非强迫	私人—强迫
	多人	集体—强迫	集体—公共

但这个分类不一定是决策具有正当性的基础。换句话说，虽然个人为公众代庖或集体命令个人服从会遇到阻力，但其过程和结果未必不适宜或不合法。最直观的例子就是军队或准军事化部门：当国家或地区安全受到威胁时，最高指令官有权也有义务下令动员整个部门，不论个体成员（士兵、消防员、警察等）或市民是否认为需要采取行动。相对而言，一些看似非常私人的决定（如婚姻、着装）也可能被集体决定强制统一，以保证集体价值观的延续。从得克萨斯允许校园携枪，到加利福尼亚把大麻合法化，甚至美国最高法院强制各州允许同性婚姻，都是多人决定对个体的影响，都遇到了相当大的阻力，也都需要执法部门强制（或威慑）执行。

1.1.3 决策过程

当一个社区明确了前两个问题的答案后，接下来就该着手"决策过程"了。无论是由个人、组织还是社区作出，一个决策的周期均会经过执行前、执行中、执行完成（或终止）三个阶段。各学科对此周期都有更详细的划分。以公共政策为例，执行前往往须先确定问题所在，列出可选方案，再选择最佳方案；执行过程则包括授权、政策解读（可操作化）、指定实施对象和具体实施等步骤；执行完成后（或执行过程中）则需要审查和评价（或监督）具体实施效果，为下一轮决策作参考。本书第3章对决策过程有详细论述。

在整个决策过程里，有一个贯穿全周期的核心概念往往与人们的理解不同：规划（Planning）。无论是外行或技术专家，常将规划当作决策执行前的阶段，像对一个滨河公园需要先做城市设计和景观规划，再动土铺石植树。对于一些重复性的小型工程来说，若环境条件比较简单，如此理解无可厚非。然而，一个社区面临的问题很少是仅限于看得见摸得着的工程，而经常涉及心理、行为、经济利益、政治权利等复杂多变的挑战。即使是上述滨河公园的例子，也需要事先提案，通过可行性研究，参考整个社区的总体规划或控制规划，列入预算，并邀请利益相关人参与议事，才能正式开始园区景观规划。所以人们一般提及的规划多是制定用于安排地理空间的技术性文件，而决策过程中的规划是个广义概念——决策执行前须对每个具体步骤提前作出安排（议程设置），综合考量每个可选方案的优缺点［如态势分析（SWOT分析）、成本—收益分析］；在执行过程中不断细化规划方案，并针对偶发因素作出调整［如"即时规划"（Simultaneous Planning）］；执行告一段落时根据过程中收取的信息作下一阶段规划。

由此可见规划与决策过程难以分割，而且无论广义的规划还是技术性规划，都可以看作把风险具象化的过程。比如一个公共机构根据自身情况和政治经济环境作出下一个五年规划，相当于衡量各种可能发生的情况（风险）后，向条件允许且最有利于社区发展的方向树立一个目标。又如一个房地产开发商的商业区规划，同时也是测算过市场中收益和损失的风险，以及市场本身的政策风险后作出的理性决策。因此，在社区各组分的决策里，可以把风险和规划理解为一对相生的概念。

1.2 风险的含义

风险具体是什么？千万个人有千万种理解。从未驾驶过汽车的年轻人会认为横穿马路风险不高："反正汽车有刹车，司机也不敢撞上来。"但有多年经验的驾驶员则会小心翼翼，东看西看确定安全后再通过。因为他们曾经见过甚至亲身体验过很多次汽车失控的情景，也知道人们坐在方向盘后会犯哪些错误。而汽车维修或者改装技师又会有另外的理解，因为他们对汽车行驶风险的认识又加入了机械知识和各厂牌零件发生故障的概率。理解差异的结果，就是决策的区别：或全不介意、充满信心地走过马路，或绝不横穿而一定要找到过街天桥。作为"身在庐山外"的观察者，我们可能会认为年轻人很鲁莽，老司机很小心，但维修技师的意见最有根据。这几个判断让这三类对风险的理解高下立现：个人凭空创造的理论最"错误"，个人观察和经验"略好"，结合技术理论和大量实证数据的结论最"正确"。

但对现实中的公共决策也可以如此判定好坏吗？诚然，一个政府里负责某项政策的"技术人员"的确应是该领域的专家，受过专业的教育，并从事过相关行业的工作（姑且假设这条能满足），但最终拍板的人往往是行政级别更高的官员或机构。他们需要负责不止一个部门，所以很难有下属技术人员的专业水平，也需要平衡很多利益和政治影响，比如其他相关部门的意见、财政压力、受影响的组织和市民意见（利益相关人）、党派立场等。每一方都会认为自己的观点最为合理，也会尽可能保护己方利益，因而完全符合技术官僚意见的决策未必最为合适。此外，即便是专家学者，他们的理解也是基于有限的研究，也常常难以解释很多现象。沿用不同的理论框架、收集不同样本数据、使用不同方法分析，都可能得出不同结论。所以从规划到实施的整个决策过程会涉及各种各样对风险的定义。

1.2.1 风险与不确定性

著名演员范伟曾在《非诚勿扰》电影中拿着"分歧终端机"劝说投资人"风险越大越投资"，投资人不傻，显然明白范先生混淆了风险和不确定性的概念，于是谁也不接茬。对于这些投资精英来说，风险是可以预测和计算的，如果无法获得足够信息来量化一个决策带来的各种可能，则此决策的未来充满了不确定性，连赌徒恐怕都不会轻易下注。

对于小心谨慎的决策者们来说，一件事的不确定性是因为"信息缺失"，故而会被归为"极有可能失败"一栏。所以决策前的关键工作就是收集相关信息，把不确定性转化为可以计算的风险。以"分歧终端机"为例，范伟扮演的总裁可以向投资人提供此产品的设计理论（包括可以解决的问题）、潜在市场、抽样用户的使用报告、生产成本和可能受益等等信息来助其建立信心。信息收集方法有很多，比如项目可行性研究中常见的"SWOT分析"（长处—弱点—机遇—威胁），各级政府的预算系统，以及太过复杂而被抛弃的"POSDCORB"（规划—组织—人事—指挥—协调—报告—预算）等。无论哪种方法，均是尽可能收集事关一个决策的最关键信息，继而判断并预测此决策后的一系列影响。

本书对如何计算并使用风险作为决策工具有详细讨论。在决策实施前的阶段，风险工具与经济学和财政金融有很多理论重合。但百年来相关学科的发展已经超越了古典经济的考量，譬如20世纪中叶西蒙（H. Simon）的"有限理性"和"满意度"理论认为决策者的目标并非是效

率 / 利益最大化，而是超越某个门槛值即可作出决定；最近十多年的"社会资本"框架将一些难以货币化的利益得失（如人际关系网）也计入风险分析。此外，群体的"风险意识"也对公共关系、资本市场等多人参与的决策系统有极大影响。

在深入探讨风险分析之前，第 2 章首先介绍了风险管理的宏观背景，包括城市一级的行为主体、理论指导框架、在行政制度中的角色等等。该章节的内容大致根据风险管理的三个重要流派来组织：基于或然性的风险分析和行动，依托军事力量的处理方式，以及逐渐形成系统的危机管理原则。这些原则在章节末尾的四个案例中有所体现。

在第 2 章的基础上，第 3 章从政策分析的视角详细解读了风险作为一类或然性概念在理性决策中的角色。此章以决策过程的阶段性模型为开篇，分析风险在每一步中的体现和应对；第 3.2 节集中讨论依托货币价值的风险计算，包括两类折现的逻辑和理论基础；在对不确定性的探讨中，以若干例子来帮助说明其由来和应对；第 3.4 节集中于决策执行中的"标靶"或指向问题来说明决策落实时的风险和挑战。

1.2.2 风险意识

风险管理向危机管理发展的一大特征是对风险主观性的认识。专业人员和学者们在各类风险事件的应对过程中不断发现，无论多么科学理性的风险分析总会在决策团体、社会群体内部或群体之间被误解、扭曲甚至忽视。最初，工程和环境专家们把主观的风险意识当成待解决的问题，试图找到造成人们行为"不客观"的原因；而当更多学科（如社会学、心理学、行为科学等）加入对此话题的讨论后，理论家和部分实践人员逐步接受了主观风险作为既定事实，而不是待扭转的缺陷这一设定。每个人的身体特征、心理素质、教育背景、环境条件统统会对此人的理解力和行为产生影响；而分析风险、作出决策、应对执行的也都是一个个有独立思维能力的人。因此，每个人或每个群体对风险的理解在管理类的学科中至关重要——忽视人们的主观意识意味着从"客观的环境条件"到"管理 / 管治的结果"的因果链条中缺失了很重要的环节。同时，承认风险意识的重要性也有助于我们对其他社会成员的行为作出准确预测，同时纠正人们对存在风险威胁时社会行为的臆测或"迷思"。

第 4 章着墨于风险意识的形成和发展，通过两个理论模型详细说明风险意识在何种条件下产生，在与他人的交流中如何演化，并最终形成决策、行为、社会现象等可观察到的内容。第三个实践模型则为专家和决策者提供了一个使大众的风险意识与专家同步的方法。此章末尾则针对社会中常见的若干"迷思"作出批判性讨论，包括对僵尸爆发的幻想、对社会秩序崩溃的恐惧、对权威机构的不信任、灾后军事接管的必要性等。第 5 章将风险和风险意识具象到规划实践的层面，首先在政策周期中讨论市场风险、政治风险、专家角色在规划实务中的对应关系，其次描述危机管理生命周期中各阶段中的规划内容和挑战。

1.2.3 风险与脆弱性

从自然地理、环境科学的角度出发，脆弱性与风险两个概念即使不能相互替换，也至少有很大重合。诚然，地质结构脆弱的地区发生滑坡、泥石流、地震的风险就会更高，生态环境脆弱的地方也更可能出现土壤退化乃至饥荒的灾害。在人类社会方面，也有很多看法将脆弱性理解为一类风险——低收入、住房条件差的群体更易暴露在危险环境当中，行动不便或交流有障碍的人群也更难抵御灾害侵袭，从而更易被保险公司归类为"高风险人群"。然而，脆弱性与一般意义的灾害风险有一个本质区别——被动性。脆弱性高的地区、设施、人群并不意味着会给周遭环境和社会主动造成灾害性的扰动；它们仅会在自然或人为的扰动发生后受到更大的影响，并可能产生链式反应而带来次生灾害或扰动。比如由树枝、茅草搭建的简易棚屋自身并非风险来源，反而是可以为人提供遮风挡雨的空间。但当风险事件（灾害扰动）发生时，比如冰雹、龙卷风、火灾等，茅屋则无法像砖石房屋一般屹立不倒，甚至可能由于自身特征（易燃等）而产生新的风险事件。因此，我们可以将脆弱性理解为不会主动激发的"属性风险"。

风险与脆弱性的关系也比较复杂。在人为风险（如犯罪、社会动荡、技术灾害等）面前，社会脆弱性较低的群体（如高收入、主要族裔、青壮年等）往往在选择居住和工作地点时即可避开风险高发区；而自然风险往往与地貌和环境因素有关，和社会脆弱性并无明显联系，甚至有时因为风景优美反而会吸引高收入高学历人群置办产业。倘若将关注点放到建成环境的脆弱性，如关键基础设施、建构筑物、危险品设施等，各类风险高发地区的管治机构常常会加大力量提升建成环境的抗性，从而带来"高风险—低脆弱性"的关系。有鉴于这些概念性的区别，风险管理和危机管理等学科将脆弱性大致分为三类：社会脆弱性（由各类人口统计学指标测量）、工程脆弱性（由各类结构性指标测量）、环境脆弱性（与自然灾害风险有重叠）等。

本书第二部分详细讨论了地方决策中面临的三个重要风险以及相应的脆弱性：自然风险（第6章）、公共安全（第7章）和公共财政（第8章）。在第6章"城市化地区的自然风险"中，作者讲解了地震、降水、风灾的特征和影响，并辅以多个案例分析。这一章也详细描述了社会脆弱性和脆弱群体，同时说明了他们在各国面对自然灾害时受到的"歧视性"损失。第7章"社会动荡与公共安全"从群体性事件和恐怖袭击的起因和应对入手，描述了这一类风险的形成过程，并根据第5章提到的风险—脆弱性公式提出了一些解决方案。第8章则对比了中美两国地方财政的异同,力图从制度和经济等多个维度解释财政风险的成因,并从理论和实证两方面为决策者归纳出一些具有参考价值的结论。

第 1 章参考文献

[1] BOUFFARD J A, NOBLES M R, WELLS W, et al. How many more guns? Estimating the effect of allowing licensed concealed handguns on a college campus[J]. Journal of Interpersonal Violence, 2012, 27(2): 316-343.

[2] WEBSTER D W, DONOHUE III M J, KLAREVAS J L, et al. Firearms on college campuses: research evidence and policy implications[R]. Baltimore: Center for Gun Policy and Research, Johns Hopkins University, 2016: 132.

第 1 章图表来源

表 1-1 源自:ELINOR O. Understanding institutional diversity[M]. Princeton, NJ: Princeton University Press, 2005.

表 1-2 源自:MUNGER M C. Analyzing policy: choices, conflicts, and practices[M]. New York: W.W. Norton, 2000.

2 城市灾害风险管理类型

2.1 城市与权威机构

灾害带给民众的威胁不但越来越频繁也越来越严重，往往伤痛还来不及抚平，下一个灾害又来临了，让民众苦不堪言。除了我们所熟知的地震、台风、水灾、旱灾等自然灾害之外，还有错误政策导致的不当开发、人为疏失等人祸，如土石流、火灾等等，其所造成的伤害，除了外在的金钱财产损失，还有心中无助和悲痛感的累积。以往防灾的工作，政府的灾害管理几乎都是采取"由上而下"的作业模式，但是经过几次大规模灾害的考验之后，人们发现此管理模式无法有效保护生命财产的安全[1]。

灾害应变除了涉及事前信息掌握、防灾教育倡导外，更要强化民众的回应能力。各国政府单位已开始推动非工程设施的减灾计划，将相关灾害应变知识通过地方组织（如社区、学校、地方政府）传递给社会大众，使人们具备防灾能力。政府也着力建立全民防灾软实力的观念，完善区域防灾网络，明确城市防灾特性与评估模式，并使相关信息更加透明。在我国台湾地区的防灾实践中，相关单位开始推行从基层做起的灾害防救工作，以社区作为防灾主体，结合不同权责、专业以及资源渠道，推动并形成防灾社区之伙伴关系，"社区"成为在推进灾害防救工作中的关键点。借由社区居民的互动参与学习，民众可培养起正确的环境风险认知观念、加强灾害自救行为、建立灾难紧急应变能力、提高风险管理的意识。让防灾融入日常生活之中并提升社区行动力，才能将各种灾害发生的冲击降到最低。

美国联邦紧急灾变管理署亦提出以社区为单元应对灾害的概念，通过社区自主规划与推动防灾计划，鼓励社区自我强化防救灾能力，并增加其韧性（Resilience）。如果居民有高度的社区意识，并能够自动自发地准备各项防救灾工作，在面临灾害袭击时可以有效降低损失[2]，包括：① 灾前降低灾害发生的可能性；② 灾害期间降低承受灾害的冲击且减少灾害损失；③ 灾害发生后迅速恢复重建并能持续发展。

城市社区灾害管理的实施推动，主要有以下步骤：① 了解社区概况，组成推动小组，向社区民众开展说明宣传活动，并号召其参与；② 进行灾害环境检查，找出潜藏的灾害风险，建立防救灾档案室；

③ 邀请社区民众，共同讨论社区防救灾议题，共同研讨防救灾对策；④ 将社区防救灾对策具体化，研究并拟定灾害应变计划；⑤ 进行训练与灾害应对演习。

2.2 或然性灾害风险管理

各地区灾害事件发生频率逐步增加，地区受到灾害影响的程度与范围因灾害程度而有所差异，主要体现为人员伤亡与财产损失的问题。然而，灾害的发生往往较不易精准预测，主要系其突发特质与不确定之问题。这种不确定性灾害风险我们将其称为或然性（Probability-Based）灾害风险。灾害防救的主要工作之一，即在提升灾害预备能力的同时，聚焦于找到减少灾害不确定性的方法，以降低灾害影响，也包括通过灾害个案分析，检视依赖于灾害预报的防灾减灾政策缺陷。有研究指出灾害管理过程中，风险评估标准的设立，是减缓灾害损失以及强化灾害防救能力与体制的关键。

乌尔里希·贝克（Ulrich Beck）提出风险于现代社会之影响。随着工业化发展，风险社会（Risk Society）的概念亦伴随而来，也让社会更关注发展中的生态问题、利害关系人之互动、个体风险意识等；这些因素亦可影响灾害管理机构的评价[3]。世界银行与哥伦比亚大学于2005年《自然灾害的热点：全球风险分析》中针对全球自然与人为灾害风险规划提出建议，认为明确的重建政策能使资源与救灾工作更有效地进行。灾害的产生不仅会立即冲击民生环境安全，更考验国家风险应变能力，政府在面临灾害问题时更需进行准确评估与整备，除了法令政策规定的灾害整备与规范行为外，政府更应当从管理层面整合资源、有效动员人力，协力合作来应对灾害的冲击[4]。

灾害的影响受到普遍关注，媒体与学术研究扮演了很重要的角色。近几年科技与数据治理的兴起，大数据管理及运用使得政府对紧急灾害的响应能力得到了很大的提升。过往政府单位在搜集灾害资讯信息时，仅能被动等待民众通报，或通过紧急电话接案，再等待救灾单位进行灾情信息汇整，才能进行后续救援及工作重整。这样的资讯信息传递速度往往无法保证对各项灾害作出立即回应并据灾情发展予以应变，并且信息可信度也较难保证。借由科技社群媒体，当灾害发生时，民众可随即传送各地灾害情报，并由多元的影音、文字、图像照片等方式，将最新灾害信息发布于各网络平台，而政府更能加快信息搜集及判读，形成双向的信息治理[5]。

2.2.1 前提条件和假设

随着生态环境问题日趋复杂化，灾害往往也呈现为复合态，影响的范围也非单一对象或区域。因此，评估方式日渐由主观、定性、事后响应转变为更准确的客观数据和事前预防等，通过定量、客观的影响评估系统，进行多面向的信息运用及预测，包含农业、土地规划、区域开发管理、交通建筑设置等。灾害信息运用需考虑自然环境、社会发展状况，探讨区域灾害脆弱的特征，并依此分别建立灾害环境预防、经济社会脆弱性的评估指标，分析个别灾害整备及具体影响，使风险管理系统可根据各区域、事件、灾害类型、社会经济状况，提供相应的精准灾害策略[6]。

灾害防治已成为世界共性话题，高灾害风险热点地区的预防与整备更为棘手，面对灾害的不确定性及复杂性，除政府既定的预防整备，更需民间组织的协力防范。大都市地区因人口结构、环境状态更难以掌握，灾害的事前防备能力与整合机制更需要得到重视，积极的防治工作方能减低灾害的影响[7]。灾害风险的产生是人为活动、环境变化的互动结果，对应的措施可分为灾害风险管理（Disaster Risk Management，DRM）及降低灾害风险（Disaster Risk Reduction，DRR）两种概念。前者为了减少灾害的影响，通过妥善的策略执行、组织分工、事前事后评估分析以减缓灾害发生的可能性及影响范围；后者则通过分析引起或带来风险的各项成因，降低对生命财产、环境负荷的威胁，提升事前预防工作效率。灾害风险可能在未来某一时间给某范围内的涉事主体带来损失，因此需缜密的风险管理计划，一般来说有四种方式：政策的评估与执行、防灾的具体策略、相关资源的分配、民间社区防灾能力的培养[8]。

2.2.2 不同阶段的风险分析

灾害风险评估须对潜在条件进行分析，包含对社会大众生命、财产、居住环境会造成的威胁，将脆弱性条件衡量后得以凸显某区域的潜在风险，方能掌握未来灾害发生之影响范围及危害程度。此量化指标亦可作为未来重建时的参考依据，目前潜在性风险因子调查已成为灾害应变及预防的重要先行工作。

灾害形态的不同使得因应的方式需要区分为不同阶段来进行，适时对灾害危害及其冲击所带来的威胁进行响应，可使减灾行动有效降低风险与负面影响。例如：突发性灾害地震、海啸、火灾等，在事中响应的时间比较短暂，因此需要着重事前预防、事后救灾工作。也就是说依据不同特性的突发事件，在不同阶段施行不同的灾害相关工作，才能确切降低灾害威胁。

1）事前准备

灾害的发生令人难以预料，需要充足的事前整备与正确迅速的防灾应对，在此阶段通过大数据信息进行相应的策略拟定和设备仪器的配置操作，可仿真模拟灾害发生时的危害演进和程度，进而估算需多少救援人力、资源；在硬件方面可借由大数据的分析，强化分析设备系统的效能，以便整合并分析复杂的灾害资讯信息。

2）事中响应

在事中响应阶段，急需关于灾害状况的可信信息来源和及时的救灾响应力。大数据技术的应用能给灾害治理提供有效的判读并迅速地传递信息，能给政府提供跨单位的数据汇总与通报系统，给民间单位及个人提供多渠道的灾害资讯信息及促进他们参与其中。此外，网络技术能够促使民众对灾害防救日益关心。通过科技网络，民众能了解灾害发生的背景及状况和如何开展灾害防范及准备、灾时如何应变及灾后如何有效恢复等，从而有效提升全民抗灾能力，使灾害损失降到最低。

3）事后重建

结合大数据技术，灾后的重建工作可能出现创新的治理模式，使用"众包"（Crowd Sourcing）的方式可以实现大众通过网络串联信息，并参与救灾任务，使参与人能够合理分工，进而使得人力、资源得到有效配置[9]。

2.2.3 实施风险管理

创新的科技救灾能够使得居民的灾害应变能力提升。显著的灾害管理策略是政府落实公共服务的指标之一。然而，实务推动上却常面临着课责的对象不易明确的现象，同时不同执政者还会考虑任期内的政策效益。这就有可能使减灾工作缺乏永续性，无长远的目标，也无完善的监测与评估机制。

灾害防治的推动也面临着现实问题：① 因灾害涉及对象多元、范围广泛，因应策略上须考虑不同群体的差异性，在可持续发展目标导向下，将各区域特性、环境脆弱性纳入其中，提出因地制宜的计划与策略是首要目标；② 地域特性不同所需的重建工作亦不同，不符合本地评估及恢复工作要求的重建会加剧所涉及社区的脆弱性；③ 决策者针对灾害防治所提出的见解和主张是灾害防治的基础依据，灾害防治策略的执行依赖于有效的公共管理及民众参与，从而将风险概念有效传达给居民，并有效实现减灾目标。总体来说，实施风险管理可以从如下七个方面开展：

第一，执行分权的灾害风险管理。通过民众而实现自下而上的灾害整备，更能凸显灾害防治的在地需求与特性。分权的公众参与模式是新形态的治理方法，社区民众参与度的高低是决定社区灾害防治能否成功的关键之一。

第二，强化政策的演进和整合。各政府单位建立跨部门的平台，针对灾害防治工作提出各自的建议，从而确保政策在不同单位实行时具有相同的准则，进而使得政策能够发展演进并提升其可持续性。

第三，建立可靠的描述灾害风险的指标。灾害整备工作除了提升硬件设备和强化环境应对能力外，更须衡量灾害的危害性与社会脆弱性，从而全面梳理灾害风险并建构描述灾害的指标，以便灾害来临时能够给民众提供准确的信息与行动策略。

第四，强化风险评估的准确性。风险评估除收集相关灾害资讯信息外，更要将相应的自然、社会环境因素纳入其中，例如都市开发、传染疾病、社会经济的发展趋势等。这些方面的因素对潜在灾害的来临具有重要影响。若风险评估能反映社会动态状况、变化过程与趋势，则可以使得评估更准确。

第五，改善有关灾害信息的质量。灾害救治工作依赖可信的信息数据，正确的信息判读能协助决策者提出恰当的因应策略。

第六，加强灾害教育，提升群众风险意识。通过对民众开展防灾教育可以使其具备面对灾害风险时的自主性与行动力，通过符合地方特性与需求的防灾救灾计划，能够将专业的防灾知识与应变救灾技能系统性地赋予民众；同时，借由社区参与的方法，充分利用科技媒体信息传播功能、社区训练课程及专家学者的协助，能够使民众认知环境中的灾害风险、提升危机意识，从而强化社区的整备与应变能力。

第七，发展社会伙伴关系与网络。许多社区、地方政府以及各种协助救灾的民间团体发现：各地在灾害发生的第一时间内进行自救工作，才是降低灾害冲击与损失的关键。这就使得人们普遍认识到社区的防救灾能力的重要性，从而使得推动防灾社区建设成为迫切需求。

风险评估无法对所有灾害类型进行全面预测，但能提供潜在的有关危险因素及其危险性等信息，其效果可分为灾害避免与灾害减轻。前者是指通过事先预测不让灾害发生或降低灾害发生的概率；后者则指提高对灾害的应变能力，减缓灾害发生时的危害性及其影响范围。

风险管理的主要目标是以风险评估信息为基础，搭配灾害防范、响应、重建、减灾等策略，降低不同特性风险产生时的危害性；依据基础设施的重要性及其相对脆弱性，排定减灾选项的优先次序及利用灾害数据预估特定区域的灾害重现周期，降低未来灾害发生的概率及损失程度。准确的预测能有效降低灾害的危害性，但仅是灾害管理的一环，减灾工作更需要精确地计算灾后的可能性损失，以及进行后续重建资源的评估，方能确切制定相应的减灾政策与防灾计划。

2.3 基于军队的灾害风险管理

自然灾害亦为区域安全问题之一，因此运用国防和民防的观点来检视区域安全亦相当多见。当各国面临大规模的自然灾难时，政府常仰赖军队之力来协助救灾，这种类型的灾害风险管理我们称其为基于军队的灾害风险管理（Military-Based Risk Management）。因此，在众多国家的国防政策中，不只有传统的军事任务，亦包含大型灾害的防救灾工作。例如，美国各州经常通过动员召集美国国民警卫队（United States

National Guard，简称联邦国民兵）来支持作战及紧急任务，再比如日本将灾害派遣列入自卫队法之军事行动中。

近年来，极端天气及灾害频繁发生，军队参与防救灾尤为重要。当灾害，例如地震、海啸、超级台风、异常干旱等无法预测时，就可能造成无法衡量的灾害损失，不仅会严重冲击国家基础建设，更可能导致国家失去保障人民基本生活需求的能力而导致国内动乱，甚至衍生国家和区域危机。因此，对国家或区域管理者而言，适时动员军事力量介入风险管理，将能使危机最大限度化解，并降低风险及投入的资源成本。

然而，灾害救助任务不宜长期仰赖军队力量。频繁调动军队或将影响军队原定的作战或演训规划。尤其是在灾后恢复时期，灾区经初期抢救后，交通、通信以及提供在地居民基本需求的能力皆逐渐恢复和改进，因此不宜再将军队视为救灾主力。军方提供的是过渡时期的桥接能力（Bridging Capacity），后续长期恢复任务仍须依赖民间力量的共同参与。

中国正经历着快速的经济发展以及不断推进的城镇化，同时深受全球气候变化影响，也是全球自然灾害最严重的国家之一。在资源、环境以及生态压力日益加剧的条件下，为了可持续发展和应对日益频繁的灾害事故，中国已逐步将防灾减灾纳入各地的经济发展和社会规划之中。另外，为贯彻科学发展观，中国政府近年来不断加强防灾减灾的法制建设，更努力推动各项防灾减灾的能力建设，以及大力提倡民间社会参与防灾减灾；对外则积极展开国际防灾减灾合作，以进一步提升防灾减灾体制和机制建设，持续推动防灾减灾相关事业的发展。

中国应急救援队伍初步体系建立以公安、武警、军队为骨干和突击力量；以抗洪抢险、抗震救灾、森林消防、海上搜救、矿山救护、医疗救护等专业队伍为基本力量；以企事业单位专兼职队伍和应急志愿者队伍为辅助力量。近年来，中央政府不断加快推动陆地、空中搜寻与救护基地建设，并根据灾情规模，将无法预测的自然灾害应对分为四个响应等级：Ⅰ级响应由国家减灾委主任统一组织、领导；Ⅱ级响应由国家减灾委副主任（民政部部长）组织协调；Ⅲ级响应由国家减灾委秘书长组织协调；Ⅳ级响应由国家减灾委办公室组织协调。通过这一体系建立起应急救助的响应机制，从而保障灾后 24 小时内受灾者能够得到救助。

此外，中国防救灾体系也可以分为中央和地方两个层级。在地方层级上，除省级以外还包含县市层级。中央规定国务院设立最高层的国家防汛抗旱指挥机构，主要职责为：第一，拟订国家政策、法规和制度等；第二，组织制订大江大河防御洪水方案；第三，跨省、自治区、直辖市行政区的调水方案，实时掌握全国汛情、旱情、灾情；第四，组织实施抗洪抢险及抗旱救灾减灾工作；第五，统一调控和调度全国水利、水电设施的水量，做好洪水管理工作；第六，组织灾后处理工作，并做好有关防汛抗旱的协调工作。最后，国家防汛抗旱指挥机构也为县级以上地方政府、有关流域单位设立防汛抗旱指挥机构，负责有关区域的防汛抗旱突发事件应对工作。

2006年颁布的《国家防汛抗旱应急预案》包括针对不同灾害的"应急响应"以及"预防及预警机制"。该预案是关于灾难发生时的具体执行计划，内容涵盖防汛抗旱工作分配、组织、具体行动与人员移转的规范。在各省与各县市政府层面上亦要求颁布"防洪防台风应急预案"，一般将"防洪响应"与"防台响应"各分为四级，其分级均明确标准，并对各级需要采取的必要行动作了严格规范，例如，预警监控、预测、通报、物资调度与征用、救灾行动、请求中央协助等。

在组织上，行为主体分为省级政府及各县市级政府。在省级政府层面，设立省人民政府防汛抗旱指挥部（简称"省指挥部"），其主要职责是领导组织全省防汛抗旱工作，其办事机构为省人民政府防汛抗旱指挥部办公室（简称"省防办"），设在省水利厅，而省指挥部主要成员包括省军区、省水利厅、省武警总队与省政府各单位等；在各县市级政府层面，设立防汛抗旱指挥机构，其主要职责为在上级防汛抗旱指挥机构和同级人民政府领导下，负责该行政区域的防汛抗旱工作。在必要的情况下，省指挥部可协调指挥驻军和武警投入救灾，亦可宣布进入紧急状态，动员全省人民投入救灾。

目前，中国的防灾减灾规划等内容亦纳入了干部的培训计划之中，例如，国家地震紧急救援训练基地已经建立并投入使用。另外，中国亦建立起了国家应急管理人员培训基地，对中高级公务员、各类企事业单位高层管理人员、高层次理论研究人员展开防灾减灾和应急管理培训。各级政府为提高防救灾的能力，更是与有关部门合作，采取集中和自主培训相结合的办法，针对企事业负责人、管理人员和各类应急救援队伍进行相关应急管理培训，从而提升人员在面对突发灾害时实施防护和救援、协力合作的应变能力。

在美国官方的战略指导文件中，直接将非传统安全威胁的应对列入国防任务。随着极端气候发生频率及严重程度的不断上升，各国军方报告在近年来亦十分关注气候异常对安全的影响。在1970年至2008年间，根据美国的智库新美国安全中心（Center for a New American Security, CNAS）的统计，美军曾开展过近78次由暴风造成的灾害的救援工作。因此，面对太平洋地区气候变迁的威胁，美军针对人口密度高地区开展救灾援助工作，尤其是基础设施匮乏地区，或者那些没有足够灾害应对能力但是具有较高灾害风险的低海拔地区。

中国军队的救灾组织体制分为四个层级：如发生地震后，抗震救灾总指挥部成立，并由国务院总理担任总指挥。总指挥部成立后，按照中央军委的指示成立第一级的军队抗震抗灾指挥组，由总参谋长担任组长。军队抗震抗灾指挥组又涵盖四个总部，包含总政治部、总后勤部、总装备部、总参谋部。在军队抗震救灾总指挥部之下，第二级为军区的联合抗震救灾指挥部，第三级为各责任区的指挥部，第四级为作战救灾部队。

在防救灾任务中，强化灾害的信息搜集能力尤为重要。救灾初期阶段就需要有可靠的正确的资讯信息，这是顺利进行灾难救援的首要任务。在这一点上，中国现阶段在不断加强卫星搜集灾难信息的能力。在军队参与救灾任务的同时，需要联合中央政府、社会力量及民间资源共同协力参与，并且各相关主体的合作需要有明确的法律或条例规范，使各方在救灾过程当中能够按照各自权责有效执行任务。

2.4 应急管理

随着社会环境的剧烈变化，人类在面对灾害时，除了应付以往的环境破坏问题外，更需要面对不断增加的人为因素的风险。这些风险的增加使得灾害应对变得更加难以掌握及充满不确定性。有效的应急管理（Emergency Management）已成为当前灾害治理中的关键议题，研究并拟定危机与灾害管理能力的提升策略，亦是当前所关注的重点。对地方政府而言，从务实的角度发展提升应急管理能力，既是重要需求，也是重大挑战。应急管理涉及许多不同的方面和概念，例如包括减灾（Mitigation）、整备（Preparedness）、响应（Response）与恢复（Recovery）等四个阶段，涉及脆弱性和韧性等概念。

2.4.1 应急管理的四阶段

针对灾害的不确定性及时间的急迫性，减灾和整备的实务工作应包括减少暴露于灾害的概率，降低生命与财产的脆弱性，合理安排土地开发与环境保护，以及加强应对灾害的准备工作等重要内容。在灾害发生后的紧急状态下，响应能力则显得尤为重要——政府或组织需要立即采取行动，从而避免灾害、危害的扩散，降低灾后重建时所面临的挑战[10]。在危机过程中，普通大众时常不清楚自己能够扮演的协助角色以及可资利用的资源，由此产生更混乱的灾害危机。因此，应急管理更强调信息传递、需求评估的及时性和准确性[11]。

一般来说，灾害的影响范围非常广泛，往往需花费更多的资源方能够实现恢复。对社区而言，需要将自然灾害的发生视为不可避免的事情。因此，灾前需要通过地方防灾训练保护社区民众的身家财产安全，降低灾害对社区所造成的负面冲击，从而使损失降到最低。社区防灾能力的培训能够使社区具备面对灾害风险的自主性与行动力。通过符合地方特性与需求评估的计划，将专业的防灾知识与应变救灾技能转换传递到民众之中，并大力支持社区参与的模式，将能够有效进行风险管理，促使民众认知环境中的灾害风险，提升危机意识，凝聚共识，并强化社区组织的整备与应变能力[12]。

对于这些能力的综合，可以理解为博文（Bowen）[13]所提到的社区韧性（Community Resiliency）的概念，它是指社区在灾害发生时，能具备"对抗灾害"的能力。具体来说，就是以整体社区民众为整备对象，结合灾害防救资源与救灾课程训练，运用社区力量，通过多元的课程与活动设计，强化自我灾害防救能力。早期的社区恢复泛指普通人群与邻里互动，再到政府组织机关的单向投入。今天所言的社区韧性是指跨单位的协力合作应对灾害的能力，落实这种能力的具体行动包括环境踏勘、防灾地图产制、防救灾议题讨论、防救灾数据库建设等[14]。

2.4.2 脆弱性

全球气候异常，发生极端灾变天气的频率增加，造成的人命与经济损失规模不断扩大。面对环境变迁与灾害风险的提高，对脆弱性（Vulnerability）及韧性（Resilience）的评估，可帮助人们了解其所居住的环境在面对自然灾害时的承受力及重建能力。关于脆弱性的探讨能够帮助大众了解灾害的冲击可能带来的未来不确定灾害情境，从而有针对性地拟定相关调适策略[15]。

灾害应急管理的最终目标在于降低危害所产生的损失，脆弱度被认为是讨论这一问题需要考虑的重要评估指标。人类环境面对自然灾害的脆弱度由暴露（风险结构）、抵抗力、敏感度及恢复力所组成。脆弱度包含了人类活动与环境的交互影响，是跨时间、空间动态交互作用的综合结果。脆弱性定义为人类社会对于灾害的因应能力，包括抗灾与恢复能力，以及造成损失的可能因素[16]。

近年来关于脆弱性的研究，均强调个人或整体社会对于灾害的应变能力，而这种应变能力是跟人类社会的暴露特征、社会属性及其他因素相关的[17]。在大多数情况下，灾害的多数特征是较难通过实施人类社会的对策而改变的。因此，灾害危机分析仍需将焦点放在社会对于灾害的因应能力，这种能力通常也被称为社会脆弱性，可以从事前敏感度及事后的恢复力等方面进行理解。脆弱性的特点在不同的灾害、时间、地点上会有所不同，故对脆弱性的评估需要就具体个案进行区别研究。

2.4.3 韧性

应急事件具有循环性、威胁性、复杂性、不确定性、时间急迫性等特征。灾害的发生可能一再重复，当复合性应急事件出现时，自主应变的社区可明显降低伤亡损失。因此，经历了灾害事件后，许多社区、地方政府，以及各式协助救灾的民间团体，皆认识到社区的防救灾能力才是降低灾害冲击与损失之关键，纷纷兴起了推动韧性社区和防灾社区建设。除了政府单位外，因地制宜的灾害评估更需民众的参与，尤其在人居环境变化迅速的大都市地区，灾害的发生更为复杂，应急事件的应对措施更加紧迫。

有韧性的防灾社区，应具有减灾、整备、响应、恢复四阶段的全部能力，以综合解决灾害的多变性与复杂性问题。灾害事前的减灾与整备，旨在灾前做好防范策略，当灾害发生时社区有能力降低灾害的影响范围及其损失。促进民间组织参与推动防灾社区的建设，其第一步是灾害资讯信息教育倡导，通过环境教育让民众了解自己的居家环境问题，通过环境踏勘与防灾地图制作，强化社区防灾自主能力与提升防灾意识，从而达到减灾目标。

在实践过程中，防灾社区建设计划的具体内容常常局限在应对单一灾害上，与社区关注的其他问题（如治安、社区营造、环保等）相结合较少。因此，在初步认识社区环境后，社区的灾害应变能力提升更强调实务层面的技能的训练，如预警、监控、救灾器械操作、简易救护，或是灾害情境演练等。这些活动能提升社区对灾害的承受力，降低灾害冲击。同时，这种演练系统能在灾害第一时间内让社区居民妥善实施应变措施，在外界救援未进入时能以自救降低影响。

最后，社区韧性还强调社区的灾后恢复能力，亦可分为短期、长期两阶段。短期阶段的恢复能力涉及公共设施系统、灾民安置、生活恢复、资源分配、心理辅导等；长期恢复能力指灾区硬件重建、基础设施兴建、产业结构复兴等。社区的恢复并非回到原本状态，而是社区能发展出更可持续的模式。如果恢复至过去的状态，仅仅是一种机械复制，它仍然不能够具有更好的韧性水平，灾害来临时依然会面对极大的威胁。可持续的社区恢复重建，须考虑整体环境、经济条件和人为活动，从整体上把握重新建构更具韧性的社区。

2.4.4 典型实践

自然灾害与人为活动交互条件下，城市环境风险性增加，许多灾害相互牵动从而引起并发的复合型灾害。韧性城市为我们应对灾害冲击提供了一种新思维，它着眼于降低脆弱度，提升恢复力。韧性城市强调的并非不受灾，而是如何让城市受到冲击后可以迅速恢复到正常状态，并有效降低灾害损失。下面以荷兰鹿特丹、美国纽约、英国伦敦和越南胡志明市为例，简要介绍其在灾害风险的管理和防控上的实践。

1）荷兰鹿特丹市

水灾是荷兰长久以来的灾害问题，在1953年、1993年分别发生过大规模的水灾。为此，政府开展了多个灾害防范计划，包含三角洲工程、开放式河口（Estuary）大坝工程等来应对水患。20世纪90年代，河水泛滥灾害频繁，使得荷兰改变了以往"与水争地"（Fight Against the Water）的发展思维，"还地于河"（Room for the Water）的发展理念得到认可与推广，这一理念随后落实在城市空间的开发与重建上。

随着对气候变迁的复杂性认识的增加，过去的治水经验让荷兰更加注重多个要素和部门的整合。水患不应只被看作是单纯的水文事件，而且牵涉到土地利用、经济发展与社会协调等因素，因此需要整合环境安全、生活质量与城市发展的综合性空间发展策略。在 2008 年开始执行的城市发展与治水策略中，政府规划主要把握大的空间结构性规划设计及其设施配置，详细的规划设计与具体方案执行则由民众与地方政府进行讨论。在城市韧性提升层面上，规划设计并非仅从环境和水文条件着手，而是通过调整行政管理体系，通过跨界合作的方式强化与各地区、部门间的协调，建立更具整体性和弹性的规划决策机制，以应对不确定性所带来的灾害挑战。

基于上述思维，荷兰的鹿特丹市对城市水岸空间进行了新的评估研究，通过对水岸社会价值、经济价值、生态价值和抗灾价值等多个维度的评估，以与水共生的方式对水岸及其沿线空间进行了再规划与改造，从而提升其韧性水平。近年来，洪水发生频率越来越高，这一趋势除了与全球性气候变化相关外，还与荷兰长年填海造陆的实践相关。目前来看，这一城市发展模式产生了多重生态后果，基于此，城市发展放弃了与海争地的空间利用模式，当前主要实施还地于水、恢复生态湿地等措施对生态系统和水文系统进行修复，同时为了减少不确定性还增建了漂浮屋。

2）美国纽约

在 2012 年，纽约遭遇了罕见的飓风"桑迪"的袭击，遭受了严重的社会经济损失。这种极端气候带来的灾害损失，使得纽约市开始重新思考城市发展的内在逻辑，认为需要将城市的抗灾害风险能力融入城市发展规划建设之中。为此，其在灾后重建计划和行动中一方面将城市的空间进行了柔性设计，另一方面充分融入州、联邦政府相关的防控设施和响应系统之中，加强韧性防控、预警和治理能力建设。在韧性城市的总体发展目标下，规划进一步加强了关于城市的风险评估，以风险信息收集、分析、预测与预警为核心，推进了灾害资讯信息传递系统、城市韧性基础设施系统等的建设，并通过配置资金对人居环境韧性水平、经济恢复能力、社区防灾能力和预警系统等进行了全面升级强化。

此外，纽约市还着眼于未来，以洪灾为防范重点，对 2020 年、2050 年的气候情境进行了模拟及评估，运用预期损失和成本效益分析法，计算潜在损失，预测潜在风险，为灾害防控政策提供重要的参照基础。此外，通过情景分析方法，纽约市也对不同情境下出现灾害时的应对策略作了探索，例如海平面上升、飓风、洪水、高温热浪等常见灾害条件下的应急预案，以提升预见性和可操作性。此外，该市还建立了长期的灾害风险监测与评估机制，每四年进行评估与调整，以确保防灾规划的永续性。

3）英国伦敦

在 2011 年，伦敦提出城市在面临未来各种不确定性的灾害时，不仅需要有强有力的预警能力,还应该有灾后快速恢复到原有状态并保持原有结构和功能的能力。基于这样的理念,在应急管理策略的安排上,也由最初的仅仅关注自然的防灾减灾工作,逐步发展到既关心自然系统灾害,也注重社会生活方面的伴生风险,从仅关注城市恢复原状态的能力发展到关注城市的健康和持续发展等能力。

系统化的城市灾害防控和风险管理规划主要包括四个部分的内容:

第一部分是规划评估。包含预测气候未来的趋势变化、目前潜在的关键风险问题和政策设计等。

第二部分是灾害风险分析和管理。主要针对气候威胁的三大灾害(洪水、干旱和酷热),提出"目标、政策、行动"等内容,并从未来情景、现状风险评估等方面进行气候预测研究。

第三部分是跨领域互动分析。主要分析环境变化与各类社会活动的相互关系及其影响,包含健康、商业经济、基础设施、环境的影响。

第四部分是策略制定。针对具体问题和潜在风险,提出相关规划,制定韧性城市愿景。

4)越南胡志明市

与其他城市经验不同,胡志明市的防灾建立在以社区参与为前提、小规模改善基础设施的模式之上。采用社区参与式的讨论方式,一方面让在地民众提出需求,另一方面让民众充分认识关于灾害的相关问题。其具体目标包括让社区的民众在灾害出现时在第一时间内有应对灾害的能力,从而降低其危害程度,并通过这种过程推进具有地方特性的应对策略。而外部的协助者通常也会参与其中,为社区居民提供专业援助与防灾教育服务,使民众提高自然环境保护意识及风险防范意识,从社区内部降低脆弱性增大的可能性,进而降低灾害损失风险。一般来说,这个过程分成五个步骤。

第一步是引导民众认识气候环境问题,例如碳足迹、全球变暖等必要的基本知识。

第二步是参与式的气候评估。组织居民共同讨论生活环境的潜在灾害及环境风险热点,分析哪些季节或时段是灾害高危险期,并探讨在这种灾害条件下如何疏散和进行紧急处理。同时,还组织居民评估社区的脆弱风险区域,例如易淹水水道、脏乱环境区位等,让民众了解居住环境,并组织其开展垃圾清理行动、房屋财务防灾风险管理,进行灾害事前整备工作等。

第三步是拟定行动策略。例如,加强建筑物对于暴雨的承受度、兴建储水池;易淹水区域的简易自救计划,如挡水闸门、透水性地面;着眼于降低热浪灾害,多种植盆栽植物、加强建筑物通风,成立社区灾害巡守小组,留意气象报道并适时通报居民。

第四步为遇到不同灾害情境下的行动计划。

第五步是具体监测机制和执行成效评估。

从以上各国经验可看到，灾害事前整备、事后重建并非单一化的行动策略，而是采用跨部门、跨单位的统筹协作方式进行，并强调民间自救能力的培养。必须强调的是，地方社区是灾害的直接影响对象，是应对灾害最初冲击的最前线，也是拯救多数人生命和财产的关键。

第 2 章参考文献

[1] MERCER J. Disaster risk reduction or climate change adaptation: are we reinventing the wheel[J]. Journal of International Development: the Journal of the Development Studies Association, 2010, 22(2): 247-264.

[2] CHAMLEE-WRIGHT E, STORR V H. Social capital as collective narratives and post-disaster community recovery[J]. The Sociological Review, 2011, 59(2): 266-282.

[3] BECK U. Risk society: towards a new modernity[M]. Vol. 17. London: Sage, 1992.

[4] DILLEY M, CHEN R S, DEICHMANN U, et al. Natural disaster hotspots: a global risk analysis[Z]. Washington, DC: The World Bank, 2005.

[5] SILVA T, WUWONGSE V, SHARMA H N. Disaster mitigation and preparedness using linked open data[J]. Journal of Ambient Intelligence and Humanized Computing, 2013, 4(5): 591-602.

[6] BEATLEY T. The vision of sustainable communities[Z]. Washington, DC: Cooperating with Nature: Confronting Natural Hazards with Land-Use Planning for Sustainable Communities, 1998: 233-262.

[7] JABAREEN Y. Planning the resilient city: concepts and strategies for coping with climate change and environmental risk[J]. Cities, 2013, 31: 220-229.

[8] JHA A K. Safer homes, stronger communities: a handbook for reconstructing after natural disasters[Z]. Washington, DC: The World Bank, 2010.

[9] CARLEY K M, MALIK M, LANDWEHR P M, et al. Crowd sourcing disaster management: the complex nature of Twitter usage in Padang Indonesia[J]. Safety Science, 2016, 90: 48-61.

[10] SYLVES R. Disaster policy and politics[M]. Washington, DC: CQ Press, 2008: 46-75.

[11] SALMON P, STANTON N, JENKINS D, et al. Coordination during multi-agency emergency response: issues and solutions[J]. Disaster Prevention and Management: an International Journal, 2011, 20(2): 140-158.

[12] WU W N, CHANG S M, COLLINS B K. Mobilizing voluntary organizations in Taiwanese emergency response: citizen engagement and local fire branch heads[J]. Journal of Contemporary Eastern Asia, 2015, 14(2): 45-55.

[13] BOWEN G L. Community resiliency: a research roadmap[Z]. School of Social Work. Chapel Hill, NC: University of North Carolina at Chapel Hill, 1998: 221-238.

[14] NORTH C S, PFEFFERBAUM B. Mental health response to community disasters: a

systematic review [J]. Jama, 2013, 310 (5): 507-518.

[15] PATON D, JOHNSTON D. Disasters and communities: vulnerability, resilience and preparedness [J]. Disaster Prevention and Management: an International Journal, 2001, 10 (4): 270-277.

[16] PELLING M. Natural disaster and development in a globalizing world [M]. New York: Routledge, 2003.

[17] ADGER W N, KELLY P M. Social vulnerability to climate change and the architecture of entitlements [J]. Mitigation and Adaptation Strategies for Global Change, 1999, 4 (3-4): 253-266.

3　决策过程中的风险工具

无论任何国家、地区、组织，但凡一个决定能影响到多于两个人时，做决定的过程及其正当性就颇为重要。而事关"正当"决策的争论中，"民主"是一个核心概念。西方国家和一些媒体常常鼓吹民主精神，批判集权政体"不民主""独裁""专制"等等；被批评者也较少直接讨论"不民主"的指控，而转向讨论社会和人民利益等问题。这类争论多少有些各说各话，争论双方往往有意或无意地忽视了"民主"与"集中"的两个核心议题——参与决策的人数和程序。简言之，若某个决策的利益相关人都能（派出代表）参与决策过程，且每个参与人的意见能充分表达，能有较为平等的权力影响决策结果，则该决策可算作大致符合"民主"原则[①]。

但以民主自居的政体能多大限度地追随这个原则呢？美国大学一年级的政治课本上明确写着：美国宪法通篇不含"民主"一词，且"国父"们极力避免民主过程进入联邦决策。为何？风险太大。成立合众国的大地主、大奴隶主，以及后来入主朝中的大资本家们若与被统治阶级同样人手一票，从概率上讲等于将政权拱手让人——他们的地产、奴隶、资产很可能被穷苦的大多数通过投票过程来分光吃净。于是"代议制"（共和制）和"分权制"应运而生，百姓公民得以票选议员和行政首脑（总统），但重大决策和立法仍可以由"自己人"控制。得益于一人一票来选举公民代表（议员）的小范围民主，即"决定由谁决定"的过程，中下层公民多少能得到一些名义上的民主权利，以及表达意见的通道。有鉴于此，政客和精英们着力宣扬民主精神以期提前释放可能积累的社会矛盾。

那所谓"专制"的政体，它们的决策制度又如何呢？不妨在线检索一下西方所谓的各大"集权国家"的全称："苏维埃社会主义共和国联盟""朝鲜民主主义人民共和国""越南社会主义共和国""古巴共和国""伊朗伊斯兰共和国""中华人民共和国"等。"共和"二字显然是最大公约，"宪法"与"宪政"（理论上）也同样是这些政体的核心指导，最高元首和权力机构也都要经过选举的流程。不难看出，现代政体彼此之间的区别远非泾渭分明。国家领导层多心向类似的制度，而决策机构的这种跨政体的近似性，越接近市民或公民（即更低级别政府）则表现得越发明显。

3.1 地方政府决策过程

笔者曾和同事组织一批得克萨斯的学生来中国游学数日（Study Abroad）。其中一名高年级学生已在得州南部沿海的地方政府工作数十年，当和国内的规划师座谈时，双方都非常惊讶中美两国在城市一级的决策过程是如此相似，比如规划的公民参与、政府汇报等。讨论之后发现原因并不复杂：其一，地方政府直接面向市民，故需要考虑决策的公共性；其二，无论中外，市民需求都很多，但苦于公共资源有限，所以决策者在确定目标时，必须依靠理性分析以尽量优化资源利用；其三，在多重政治压力下，地方决策者都需要在短时间内解决眼前的实际问题。

3.1.1 决策周期

决策周期最常提及的结构是传统"阶段模型"（Stages Model）：一个公共决策始于"议程设置"，发展于"政策草案"和"合法化"，再进入"执行"阶段，最后完成于"政策评估"以对下一轮的决策提供依据。整个周期或流程的逻辑性非常强，譬如若不设置议程则无法确定参与者和信息搜集的渠道，不完成草案并通过正当程序则不应着手实施，执行不到一定阶段也难有足够证据来支持评估，故而各级各地政府在涉及一般公共事务时都多少遵从这个模型。

以一个城市的开发项目为例，无论是地方政府想要填补财政缺口还是开发商相中风水宝地，这个项目的概念都会在一个小圈子内成为议题。接下来这些"圈内的"利益相关人就会根据经验或者法规确定行动步骤，包括准备哪些材料、联系哪些官员或办公室、雇用哪些专业人员做可行性分析等。当这个概念被摆上地方行政机构的桌面进行讨论时，就等于进入了"立项"或"草案"阶段。这时（有时更早，取决于项目发起者）策划和设计公司开始全面开展工作，政策分析师也可能介入以全面评估该项目的社会成本和长短期利益。项目的细化过程，包括令各类"乙方"挠头的数次修改方案，往往和法定程序同步，进而由立法机构（如市议会、人大等）或有审批权的行政单位审核，并形成法定文件和规划文本。在执行阶段，该项目可能由政府机构统筹监督，由城市投资公司、外包的设计施工企业等机构执行投资、拆迁、平整土地、开通管线、建造、招商、销售等等。这一阶段会"收获"最多的社会关注，也是各利益相关人矛盾集中体现的过程。尘埃落定之后，相关机构和开发商均会定期或不定期评估整个决策过程和当前收益（包括公共利益），并为下一个类似项目作准备。

阶段模型有两个重要的假设：存在有效制度和针对一般性（重复性）事务[1]。有效的正式制度保证了参与者和行为的可预测性，而一般性的公共事务也基本避免了不可预料的挑战。当这两条假设无法满足时，阶段模型就难以提供有价值的指导理论来解决冲突。但这个模型仍可以帮助我们对决策过程中的风险作出分类，也有助于读者建立意象或启示（Heuristics），以便理解。

3.1.2 风险与依据

风险决策有一个基本假设：存在超过一个的可能性。所以决策过程就是对各个可能性的"或然性"（概率）进行分析和预测，以在条件允许的情况下选择最佳或者最易达成共识的选项。决策周期各阶段中可能出现的冲突也都源于这些多元的备选方案，比如议程设置中是否邀请了各个选项中最主要（最有权力——政治、财富、媒体等，或受影响最大）的利益相关人，草案阶段是否忽视了正当程序或者社会共识（如潜规则、群体意识），执行阶段是否产生了超出执行者能力的问题（如超出行政权限、钉子户、不良地质条件等），评估阶段有无先入为主的偏见掩盖了主要问题等。

政治权力和制度结构在决策过程中起决定性作用，因为政治权力可以确定"谁，在何时，得到什么"[2]。在代议制下，立法机构的代表们理论上（即宪法中）有最大权力——立法权，但如果代表由普选产生，则有能力（包括组织能力、资本、煽动力等）拉拢最多选票的团体或个人也有左右局势的本领。在党派政治下，行政机构受党派的直接影响，甚至由政党控制，则党派领导会有很大权力来决定议程。由此可见，一个稳定的制度环境下（包括正式和非正式制度），参与制定决策规则以及有权作出决策的利益相关人多半可由各类公开信息和他们过去的行为规律推测得出。换句话说，参与决策的人（或组织团体）数、每个人（或组织）的决策偏好、符合制度要求的手段等等都是有限且已知的。一个稳定的制度下，决策包含的风险甚至可以归纳为概率数字。

1）草案阶段的风险依据

公共决策的草案设计和合法化过程往往依赖于大量的专业知识和技术分析，所以常见到政策分析师和技术官员的身影。这类专家多有较高学历（硕士或博士）和多年的工作经验，而他们的目标是将一个抽象的问题转化为合理的解释、有针对性的解决方案和具体细致的实施计划。例如，在一个近年常常发生内涝的城市里，规划、市政甚至投资等部门需要一个具体的解决方案，并且尽快开工以减少内涝和避免更大损失。相关专业的专家此时则会从各自的学科角度对内涝提出解释，比如是气候变化、管网陈旧老化、管线规划不足、城市发展过快还是违法建设等。政策专家们对这些原因（可能性）的判断构筑在他们的专业修养、洞察力甚至是运气之上。如果专业判断多集中于管线规划不足，则很可能提出在财政条件允许的情况下扩大管径、延伸现有管网、提高规划设计标准等应对措施。但即便管线规划问题已经解决，如果在草案阶段被排除掉的小概率原因发生

（如连续大规模灾害性降水），则内涝仍可能会再次出现。

在草案阶段，即使有了针对问题的"正确"和精准的解释，提出解决方案仍然是一个风险过程。例如，2017年夏季肆虐得克萨斯州的"哈维"飓风向休斯敦挺进时，市政府上上下下都很明确即将出现的问题（大规模降水和洪水）和原因（自然是飓风），但仍需要在至少两个方案中尽快作出选择：疏散低洼地区居民和不疏散这些居民。两个方案包含了所有的可能性（不存在"疏散"和"不疏散"之外的选项），又互相排斥（不可能同时实现），从理论角度属于比较"简单"的问题。假如只考虑水淹损失，则结果非常清楚，因为无论是否出现洪水，疏散肯定能避免低洼地区人员伤亡和降低财产损失；甚至在疏散成本不高的基础上，撤离居民也可以当作必要的应对措施。然而美国史上最大的疏散（2005年"丽塔"飓风疏散）给休斯敦造成的巨大损失仍然历历在目（图3-1）。因此，远超一般人想象的疏散成本又将"不疏散"的选项摆回了台面。

图3-1 "丽塔"飓风疏散

由此可见，在巨大的初始成本面前，对"收益"（此例中则是通过决策而避免的损失）的"预期"成为决定因素。鉴于地方专业机构往往有经验数据（常数）来估算疏散收益，则"严重洪水""一般洪水""无洪水"的概率和对应的损失（变量）最为重要。而这些概率也就是前文提到的风险。收益预期可以用如下公式计算得出：

疏散收益 =（严重洪水损失 × 严重洪水概率）+（一般洪水
　　损失 × 一般洪水概率）-（疏散损失 × 无洪水概率）（式3-1）

所以在飓风疏散中，倘若收益预期大于疏散成本，则理应下令疏散。但实际当中仍有一些因素需要纳入考虑，比如是否需要同时计算疏散成本的预期，如何计算疏散带来的社会总体时间成本，以及地方政治首脑

（如市长、议员等）的支持率会否受影响，等等。飓风"哈维"的案例中，很可能休斯敦对疏散成本的预估远超过疏散能为洪灾降低的损失（毕竟房屋无法移动，且疏散仍会造成伤亡），所以最终并未发布强制疏散令。结果由于飓风滞留带来的降水远超预计，休斯敦市所在的哈里斯郡有36人因为洪水死亡（整个得克萨斯有68人受飓风直接影响死亡，包括洪水）[3]；然而与之相比，2005年飓风"丽塔"前的疏散本身就在得克萨斯直接造成了超过100人死亡[4]，其中哈里斯郡报告31人在疏散过程中死亡[5]，很难说哪种结果更好。所以专业人士在"哈维"飓风后的讨论中，较少出现批判这个决策的声音；毕竟大灾当前，一定的损失也是人们能够预料的。

2）合法化过程的政治风险

灾害应对的决策中，形成正式决定和该决定的合法化并无明显体现。也就是说，地方行政长官拍板后，风险决策无须通过立法过程而可以立即交付各级政府付诸实施。原因是地方或者更高级别的法规（如城市宪章赋予行政首脑的"执行"权）对此类决策的合法性提前做好了安排——人命关天的时刻假如仍需集合议员或人大代表来举手表决，实在有些浪费时间。此类"提前合法化"的决策权就是行政权力，多适用于时间紧迫、细节繁杂、专业性强、重复性高的公共事务，可以得到立法机构或执政党派的事先授权。与之对应的是，立法决策需要在立法过程中完成合法化，这类决策多集中于时间宽裕、指导性强、有重大和长远影响但专业性较低的事务。但实践中，除了执法抢险和修改各级宪章这类有明显分异的决策，其他决策常常出现在"提前授权行政机构"和"由立法机构收回合法化权力"之间更迭的现象。

这种权力在下放或收回间更迭的现象，往往意味着有权设定议程的组织或个人在规避政策制定以及合法化中的政治风险。换句话说，有能力提出并推动一项决策的人，也有能力预见到未来的政策落实会受谁左右，从而可以提前安排布局来降低政策偏离自己意图的风险[6]。比如当前掌权的党派或团体若预期未来若干年仍有很大概率控制决策议程，则会倾向于维持立法机构对该决策合法化的控制，以免执行机构（政府部门）偏离决策预期。但如果下次换届时有很大概率会让位于对立的党派、团体，则会将合法化的权力提前授予执行机构并减少立法监管，以便在夺回立法机构控制权之前能较大程度维持决策的延续[7]。

3）执行过程的管理与市场风险

决策的执行过程可以看作执行机构提供服务或者生产产品的过程。市场经济条件下，公有部门的决策集中于"不可排他"的产品和服务，包括"共有产品"和"公共产品"，偶有涉足"非竞争性"但"可排他"的"计费产品"生产（见第1章表1-1）。在地方决策层面，这四类产品的界限有时会很模糊，比如空气、水源等公共产品如果被滥用或污染，则会变成竞争性的共有产品；免费的公共教育可能为了提高硬件水平而向学生收费，转为可排他的计费产品；公共安全服务，包括防卫和监狱系统，也会由于财政缺口而外包给私人安保公司，甚至成为既具竞争性又可排他的私有产品。

这些由公共向私有转化的执行过程会带来至少两类风险：管理风险和市场风险。涉及公共利益的决策理应由公共部门负责，包括"代议"的民选政府官员和"吃公粮"的政府雇员。但这些决策的产品若因各类原因转包给非营利组织或私有部门代为生产，如何能保证生产过程和产品的公共性不受损害？这里就会涉及一个"委托—代理"（Principal-Agent）问题。此问题中，公共机构可被视为"委托人"，而外包的生产者则是"代理人"；委托人须以公共利益最大化为目标，而代理人则会尽量控制成本或者争取利润最大化。当这两者的目标差异与严重的信息不对称结合时，就有可能出现两个问题：逆向/负面选择（Adverse Selection）和道德灾害/风险（Moral Hazard）[8]。第一个问题表现为公共机构并未选择若干代理人中最优的那个，反而选择了较差甚至是最差的（如质次价高、经验不足等）。原因可能有很多，包括代理人隐瞒不利情况、委托人没有尽责审查、代理人与委托机构的决策者串通（如贪污贿赂和利益冲突）等。而道德灾害或道德风险一般体现在委托关系确立之后，代理人违背承诺或利用合约漏洞以扩大私利而损害公益[9]。如大家耳熟能详的公共建设项目被多层转包给不具资质的承包商和承包商偷工减料影响安全的各类事件。

负面选择和道德风险将焦点集中在代理人一方，但实践中也会出现委托人损害公共利益的风险。除了前述的个人贪污腐败以人为制造信息不对称之外，委托人若不是完全意义上的上级指派"政府机构"而兼具"民选代表"特性时，就可能会引起所谓"合作偏移"（Coalitional Drift）的问题。这类问题常出现在政府换届或民意变化时，尽管执行机构或承包商仍在忠实执行之前的政策要求，但新的决策者否定或推翻了以前的目标，使得执行者被迫改弦更张，造成公共资源的浪费。在城市开发项目选址或者方案选择上，政府换届时，甚至同一任政府内的朝令夕改不仅使规划人员、参与机构疲于奔命，也会让之前投入的大量公共资源无法被有效利用，甚至因为过度开发造成环境或生态灾害。

当公共决策由私有部门执行时，意味着该决策对应的"公共"产品进入私有组织活动的市场进行交易和资源配置，故市场风险也理应纳入决策。首先，公共事务由全体纳税人支付成本，但即使只有部分政策执行被私有化，这些代理人仍会将其"目标客户"限定为一个可为其带来最大收益的群体，而不是全体纳税市民。在接近完全市场的情况下，局部资源配置的最优解的确可以有效提升执行效率和精准定位目标群体[10]。只可惜完全市场的条件极难满足，只要有一点点的垄断、信息不全、资源流动性低等问题就会出现市场失效的风险，也即市场制度并未完全建立，生产和交换无法自发达到最佳配置。美国的医疗保险市场即是如此，涉及公民生命保障和部分收入重新分配职能的基本医疗服务实际具有相当高的公共性，但在保障医药研发的旗号下，医药产品的供应和医疗保险实质形成了联合垄断的关系，仅为有能力支付高额保费或全部医疗费用的用户提供服务，使得人们在没有雇主支付保费时宁愿强忍病痛也不去就医。更有甚者，由于急诊治疗的成本较高，得克萨斯所有的医疗保险在2018年年初停止了对所有急诊的赔付支持。整个社会实际得到的医疗服务水平在倒退时，参与生产的劳动力资源就会因为额外的疾病和降低的寿命而出现严重损失，造成社会生产效率的下降。

另一类常出现的市场风险是"外部性"，也就是委托—代理的交易会对其他人或组织带来没有预料到（或被刻意隐瞒）的影响——很多时候是不良影响。比如发达国家/地区的环保和垃圾回收服务交由私人公司运作，而这些公司往往不会斥巨资兴建符合环保标准的回收设施，而是向环保法规不健全的落后地区出口废料以节约成本。但这些环境污染终究会有人买单——落后地区的纳税人或居民，而他们并不在垃圾回收的委托—代理交易链条上。此类"负外部性"的不完全市场大受交易各方的青睐，因为他们的生产成本转嫁到了人类社会其他成员身上。在更成熟且更具强制性的市场规则建立前，或者负担外部性成本的社会成员有能力拒绝支付（如中国的"洋垃圾禁令"）前，这种靠损害公共利益来为小团体牟利的恶性循环几乎无法被"看不见的手"消灭。

外部性也可能会给社会带来积极影响。常见的例子是教育，即个人或家庭承担相当部分的（或全部——假如上私立学校或自学）成本，但整个社会也享受到受教育个体带来的益处，比如专业技能带来的产出、对社会规则的理解和执行、个人更多层面的追求促进的消费等。然而比较讽刺的是，即便上述"正外部性"有诸多益处，交易各方仍可能会因无法获得完全收益而不愿参与其中，或者为了节省短期成本而仅仅完成法定的基础教育任务。这类正外部性困境在美国中部平原地区尤为突出。原因有三：其一，当地经济多依赖农业，而农场主和雇工并不一定需要高等教育以从事生产，短期脱产以获取本科及以上学位带来的收入增幅非常有限，甚至无法超过脱产期间损失的收益；其二，保守的政治氛围排斥公共事务和政府行为，公立高校也会被视为"臃肿无用"的政府机构；其三，极少有学生和家长认识到，高等教育的大部分成本由州政府/纳税人支付，很多人会产生"花自己的钱给孩子上大学，却培养出来一个社会主义者"的错觉。作为农业大州的得克萨斯，总体教育水平在美国连年倒数[11]，多是由于上述这些因素和公立教育的正外部性引起的。

4）评估阶段的理论和政治偏好

公共政策的评估（Evaluation）有可能贯穿整个政策周期，因为一个决策从制定到执行中间有很多环节可能出错，而带来预期之外的结果。这些评估意见就会成为各个阶段的反馈，以供决策者适时介入进行调整。其中评估人（可能是决策者、执行者或者独立机构）的理论偏好和意识形态可能对评估结论有决定性影响。得克萨斯的弗劳尔芒德（Flower Mound）市域和周边有大量的天然气田，但如大多美国小城市一样，市民对资源的开发和开采有截然相反的态度——支持增长（Pro-Growth）和反对增长（Anti-Growth），他们在市议会或各个业主委员会中的代表也不例外。因此，与这些天然气田相伴的居民和代表在审核开采政策时就有"加强监管"（即增加市民参与）和"鼓励开发"两种偏好，使得不同区域的开采政策在面对同样灾害风险时，对开发商形成了不同的约束，包括开采许可的审核流程和红线后退距离的要求等。

3.1.3 决策的输入、输出和结果

评估的最终目的是为了确认该决策是否达到了最初的预期目标。对过程的掌控和对正当程序的维护根本上也是为了确保政策实施后能实现目标。一个决策给社会带来的影响可以大体分为三类：政策输入（Inputs）、政策输出（Outputs）、政策结果（Outcomes）。现实当中的政策过程可能未必有如此清晰的概念区分，但以分析的目的而议，资源的"输入"、公共产品和服务的"输出"、对社会带来的长远"结果"三个概念在逻辑上有很直观的联系。仍以公立大学为例，州府教育政策的输出可以是立法拨款、法案支持、专项基金等多种手段；政策的输出则是政府机构使用这些资源执行政策的直接产出，包括财政支出（含高校运营经费等）、软硬件的建设开发、直接面向学生或教师个人的补贴、支付给课程平台的费用等；而教育政策的结果可能会持续数月至数十年，比如短期的入学率和毕业率变化、三五年后的就业率浮动、长期的创新人才和管理实力的增减等。

这三个概念并非只存在于学者的书斋和学术会议的讨论里，实际的风险决策者和利益相关人往往需要紧盯着一项政策在此三个阶段的演化，尤其是对政府机构有实际控制/领导权的立法机构或政治人物而言，这三个指标是对政策执行的重要考核标准[12]。从前述的定义不难看出，政策的输入最易测量和考察，输出也相对容易实现，而结果（特别是长期结果）最难准确评估。因为在整个逻辑关系链中，越靠后出现的结果越易受到更多外来因素的干扰。例如州议会的教育委员会将拨款（输入）下发后，政府机构的教育部门和公立大学如何使用这些款项很可能受到当时的政治环境、偶发的资金需求、学校董事会或教师参议会的好恶等因素的影响，楼堂馆所的建设和研究经费的配比（输出）可能并非与州议会的初衷完全契合。再将时间轴拉远至十数年后的就业和创新指标（结果），当年的教育拨款起到的作用极有可能被其间的经济波动和社会变革彻底掩盖。心忧天下的知识分子们恐怕会立即认定"最好"的政策考核指标理应是对社会的长期贡献，毕竟这才是一项公共政策的最终目的。只可惜囿于有限的经费和难以精确设计的社会研究，对很多重大政

策及其长远结果相关性的探索皆耗资惊人，时间成本也是巨大难支，几乎无法为决策者提供有时效性的参考。所以，评估人员常常只好退而求其次，从另外两个概念着手以评估单项政策的有效性。

1）政策输入评估

政策或决策的资源输入是最为直观和廉价的风险检验指标。决策者一般直接掌握这些资源，或可对其有效控制，如立法机构掌握拨款，行政首脑控制人力资源等。但是，以资源输入来评价决策的优劣有过于简单偏颇之嫌，如同教师将课程大纲和书本下发后即宣告教学任务完成一般。但很多决策中会有意识地对输入进行评估，这种做法也不尽是为了追求简单的"懒政"。前述执政联合体（Enacting Coalition）授权行政机构执行政策并减少或取消监管，以规避未来政治波动（合作偏移）可能带来的风险即是一例，因政策资源（如执行授权）脱离执政联合体后，会产出何种公共服务和产品以及带来哪些结果，已经不完全在决策者控制范围内。如此安排的前提是，决策针对的问题或无较高的复杂性，或曾由同一机构重复执行多次——结果较易预料。倘若问题很特殊或政治风险较高，则不应采取评估政策输入的方式。

2）政策输出评估

在决策问题比较复杂，且执行结果难以测量（如教育、国防）的情况下，针对决策执行的直接"产品"（输出）进行评估不失为一种有效降低风险的折中办法。如在"百年树人"的公立教育中，改变或制定一项政策往往需要至少一两代人的时间才能看出其效果优劣，但事关教育的议会拨款或者政府间转移支付却需要年年讨论。决策者和专家们很难为了验证教育政策的效果，而在数十年间顶住其他拨款项目的压力，所以他们需要提出其他易于测量且有一定说服力的评估方式。教学软硬件的配置和提升可以勉强达到这个目的，包括引进的高质量人才、添置的先进设备、新建的校舍和运动场、斥资编纂的教材课件等等。这些得益于教育拨款的直接"产品"（输出）看得见、摸得着，还可以短时间内实现，也就顺理成章地成了评估教育拨款政策的主要指标。这些指标内，针对具体项目（如人力资源）的考核一样可以简化为对资源输出的评估，比如大学在年度考核中让教师们汇报改进了哪些教学内容，选用了多少新的阅读材料，发表了几篇文章，参与了哪些行政任务，以及指导了多少学生等。虽然高等教育的最终目的是辅助毕业生在人生阶梯中更上一层楼，且学生成就与教育内容也理当有相关性，但这种对"输出"的评估可以极大降低成本和简化流程，使得非专业的行政人员也得以参与其中，把专业考核变为标准化的过程。诚然，这种评估方式最大的问题是对过程而非结果的管控，且当行政职权过高或考核人员过于教条时，反而会造成过分强调指标的结果，而忽视了评估真正的目的。

3）政策结果评估

很多公共决策是针对一些时效性很强的问题而设，比如公共投资项目、建设性规划、招商引资、灾后恢复等。对这些决策的评估完全可以使用最终成果来验证决策的好坏，如投资的经济和社会收益、城市面貌和市民满意度、投资总量和各级经济指标、灾民安置和生产生活恢复等。只不过"可以做到"或者"最好做到"的评估方式不等于"一定做到"，尤其是在耗时耗力的情况下——经济和社会调查需要动用很多人力和财力，分析各类指标也需要大量数据，对于财政捉襟见肘的地方公共部门来说，花钱出力开展评估分析是很大的挑战。同时在政治层面，作出决策的政府官员或者机构也往往并不希望看到"打脸"的决策结果，因而他们也可能倾向于针对政策输出的评估，从而刻意避免对真正结果的评估。

3.2 折现

前面讨论了决策过程中出现风险的多种原因和应对方法，但并未给风险本身一个具象化的描述。在政策分析中，风险可以依托于货币化的价值及其变化来体现。具体而论，任何资源和产品/服务对应的货币价值体现了资源的稀缺性，而这个货币价值对于不同主体，或在不同场合的折算（即折现率）则反映了该资源/产品/服务在变现过程中遇到的风险。比如，当资源在自己手中时算作实打实的财富，而借给他人进行生产则可能因各种原因无法全部收回；而将资源借给甲一段时间，则同样的资源理论上就无法借给乙、丙、丁，而乙、丙、丁三方很可能在这段时间内的生产收益远远超过甲，这就等于出借人损失掉了"本应获得"的高收益和安全性。针对上述两类风险，折现也有对应的两个类别：或然性折现与时间折现[13]。

3.2.1 或然性折现

"折现"（Discounting）一词在英文中仅比"折扣"（Discount）多了一个后缀（-ing），所以上课走神的学生常常在答卷里将其解释为商场促销打折。虽说理解有误，但也反映出"价值降低"的字面含义，不算完全离谱，答卷被扣的分数也是因为没有回答这个问题：未来资源的价值为何会降低？一言蔽之，则不外乎风险。资源投入或付出后的流转过程中有各式各样的风险，使得未来的结果或符合期望，或有所偏差。决策者面临的挑战是通盘考虑这些尚未发生的风险状况，而计算出可能的成本和收益预期，以期作出最为可靠的决定。需要强调的是，折现率表现的是一定环境下（如市场）人们对风险预期的共识，因而会受到社会、经济、政治等环境影响而波动。

在保险类的公共决策中，利用或然性、期望值、风险等概念进行折现的方法较为常用。比如美国联邦危机管理局（FEMA）提供的洪水保险基于洪水区域（Flood Zone）地图确定保险费率，即根据历史和地形数据计算出某地的洪水概率／风险，结合当地房屋价值，向业主收取一定的保费来（部分）平衡未来的洪水损失预期。这个费率可以看作对未来风险的折现——虽则一旦遇到洪水，房屋会彻底受损，但由于洪水概率并非百分百，所以需要缴纳的保费也只是最大损失的一部分（当然实际的费率计算还需考虑其他一些因素）。若该房屋一直没有遭受水灾，则该户付出的保费也会被 FEMA 移去救助其他受到洪灾损失的投保人，该户的保费也会相应下降，因为这段平静时期也会成为"历史数据"的一部分而进入将来的风险计算。这样的一种处理方法被称为或然性折现（Discounting by Probability）。

公共部门的一些支出决策也需要将风险转为或然性以计算折现率。与保险类政策同样，首先要纳入计算的是可能出现的结果。这些可能结果之间互相排斥，即一种可能性如果发生，则其他结果不会发生。比如地方政府年度预算会为某类灾害的应对和恢复预留一定资金，而此灾害在接下来的财政年度中只有"发生"与"不发生"两种可能；灾害如果发生，造成的损失又有"超出容量"和"不超出容量"两个可能。于是决策者可以列出三种结果，既互相排斥，又穷尽了所有结果：不发生灾害（A_1）、灾害损失在容量内（A_2）、灾害损失超出容量（A_3）。结合历史数据或者使用一些主观性分析方法（如德尔菲法），可以给每个可能出现的结果赋予一个或然性，即发生的概率：一年内不发生灾害的概率（P_1），一年内发生损失在当地容量内的灾害概率（P_2），一年内发生损失超出当地容量的灾害概率（P_3）。当地在下一个财年的灾害损失"预期"（E）则可表示为：

$$E=(A_1\times P_1)+(A_2\times P_2)+(A_3\times P_3) \qquad (式3-2)$$

对灾害损失的预期则可以作为支出决策的重要依据，比如需要多少货币补偿、安排多少救援人员、提供多少培训设施、预付多少保险补贴等等。

计算或然性折现的方法在一些经常性支出和重复性决策中应用非常广泛，但在历史数据严重缺乏，即极少发生的事件中很难成为主要决策依据。比如造成大规模伤亡和财产损失的巨灾，其发生的概率无限接近于零，若以同样公式计算，即便再大的损失也可能折算为小到忽略不计的统计预期。然而选民或媒体常因各种缘由对类似事件产生关注，而给决策者造成一定的政治和道德压力，使最终的决策与计算出的风险性折现毫无干系。

3.2.2 时间折现

曾有匿名网友在红极一时的《你想要什么》（What Do We Want）漫画改编中无意揭示了人们面对问题时候的困境：不知自己要什么，但希望现在就得到（图3-2）。普通选民如此，民选政客如此，市场也如此——现在就拿到手的必定比将来才能得到的情况要好。当然更准确一点的说法是：明天的一块钱不如今天的一块钱值钱，一块钱在越久远的将来越不如今天的一块钱值钱。因而愈长远的决策愈需要更大的回报以说服当前的"投资"者；资源投入时间越久，对回报的要求也会越高。

图 3-2　选民/市场偏好

市场对当前价值的偏好，其逻辑并不复杂：资源或者资本的投入，随着时间推移会经受更多的风险，投入资源或资本而失去的机会成本（如本可以投资于其他选择带来的回报）也更多，磨损和耗费也会损失掉一部分价值。所以掌握资源和资本的"利益相关人"于情于理都可以收取一定的"租金"以弥补这几类损失。若这些资源全部可以货币化，则这些损失相对于本金的比重就是所谓"利率"。在某个行业内，借用资本生产某种产品或服务而需支付的利率至少需要涵盖这三类成本：投资损失的风险（或然性）、通货膨胀率（货币的磨损和耗费）、投资的货币成本（机会成本）。例如一个地方政府打算投资 X 亿元兴建高新技术产业园，并在 N 年内收回成本，则在第 N 年末由该产业园收缴的全部收入（税收、收费等）Y 亿元应超过 X 亿元一定数额（由年利率得出）才可以算作达到投资目标。如果 Y 刚好与 X 通过利率折算后的数额相当，则当前的 X 就是 N 年后 Y 的现值。

以上对时间折现（Discounting by Time）的解释虽然粗浅，也不甚精确严谨，但可以大致帮助我们理解一些公共决策为哪些社会成员带来收益，以及给哪些人增加了负担。免息或低息的助学贷款最近几年在美国高等教育界是一个热点话题，因为有数据证实助学贷款给一些毕业生增加了心理负担[14]，也并未高效地促进所有贫困学生按时完成学业[15]。但这类问题可能并非完全植根于助学贷款政策本身。首先，免息或低息贷款并非表示上一段所述的三类成本不存在，而只是有其他资金来源支付了这些成本，例如公共财政、教育补贴、公民纳税等。这些补贴实质上赋予了助学贷款一定的"获利"性质：未来需偿还的贷款折合成现值低于当前实际借到的贷款，从而可能鼓励一些并非需要贷款或者有不合理目的（如购买奢侈品、酒精饮料、毒品等）的学生去申请。另外，与商业贷款相反，助学贷款的目标是偿债能力较低的群体——低收入或收入不稳定，以及无信用记录或信用分数低的学生。这类群体在毕业之初很难马上积累起足够的资本和偿债能力，因此也较容易陷入"低收入—高负债—从事多份低级工作—无暇积累资源换高收入工作—维持低收入"的怪圈。针对美国的这些问题，也有专家和政客提出了改善政策"标靶"（Targeting，下文有述）、提高违规成本、增加偿债激励、纳入个人社保等等选择[16]。

如同或然性折现方法，时间折现也有适用范围。其一，准确估算未来资本的现值有赖于稳定的经济环境，因为剧烈波动的市场会造成货币成本变化的不确定性；由此也可看出时间折现的评估方法需要以相对平稳的政治、安全、社会环境为基本条件。其二，若决策的输出（产品或服务）比较抽象或难以用货币单位衡量，则时间折现的方法也不宜用来估算成本和收益。所以适用时间折现的常见场合多为工程建设和金融产品等；而涵盖很多"社会价值"的决策，如民权保障、程序公正和言论限制等，在不同时期或不同场合的群体偏好有极大区别，不适宜使用时间折现方式来估计风险。

3.3 不确定性

笔者很熟悉的一位数学教授，主攻概率论和时间序列分析等方向。作为量化分析专家，他常有机会与工程帅或有工程背景的决策者合作。他在早期参与的项目中有一个惊人的发现：有经验的决策者们在项目初期会精确收集各类影响结果的因子和这些因子的分布数据；他们在分析过程中对各类拟合方法的要求也非常严格。但在计算完成后，这些决策者或工程师实际提供给执行部门的数据，会留出高于计算结果数倍甚至十数倍的冗余度。力求精准的数学家或许会怀疑这些近乎"拍脑袋"的决策（冗余）有浪费资源之嫌，但与复杂系统打交道的实践人员往往可以理解这种做法。毕竟可以预先估计的因子是基于过去的事件，它们发生的预期属于可以计算的"风险"；然而未来总是有超出人类有限理性的可能，这些可能性则很难由任何公式推出，只能被归为"不确定性"（Uncertainty）。此时，承认人类自身的不足而预留的冗余容量，即可承担起避免不确定性带来的损失的责任。

航天飞机史上的两大空难（1968 年挑战者号与 2003 年哥伦比亚号）都有不确定性的魔影。事后调查认定的两个祸首——挑战者号因低温失效的密封圈与撞伤哥伦比亚号的隔热泡沫——均未在事故发生前被看作是有必要纳入计算的重大风险。具体来说，造成挑战者号燃料泄漏的密封圈在设计中着重考虑了如何应付高温，而忽视了低温对其可能产生的破坏[17]，备用密封圈也因未考虑泄漏造成的形变，最终发生移位而丧失了密封作用[18]；哥伦比亚号事件中，决策人员则根据过去多次多架航天飞机受到泡沫碎片撞击而安全返回的这个事实，忽视了本次冲撞可能的不同[19]。每个技术灾难的"行动后报告"（After-Action Report）往往使人们相信这个灾难"本可避免"；但即使人们不断总结原因并提高管理和决策水平，同类的事故和灾难仍不断发生，根源总会归到事前没有进入决策依据的因子身上，也就是所谓的不确定性②。

3.3.1　来源

不确定性的来源（Origins）颇多，在各种事件分析报告中常常可以看到决策者、系统设计师、操作人员等忽视了一些细微但起显著作用的问题，有时候甚至运气也被归为失败的原因。总而言之，这些系统的复杂程度实际超过了人们当时的认知水平（包括人类使用各种工具后增强的分析能力）。换句话说，一个系统的正常运作需要很多部件的协同，任何部件的失效都会带来或多或少的系统失败风险；当部件数量较少或者相互之间的联系非常简单时，预知整个系统的风险会相对容易，但如果部件数量极多且彼此之间有或强或弱的相关性时，则极难收集足够的数据或使用有限的技术资源，来对整体风险作出精确预测。气象预测即是如此。得克萨斯狭长地带（Panhandle）区域的政府委员（Council of Governments，COG）每个财年年末（八九月份）都会邀请本地的国家气象服务（National Weather Services）的专家给危机管理咨询委员会大致讲讲当年冬季暴风雪的风险。专家每次给出的气候模型一般只能将降雪和大风的或然性限定在一个很宽泛的区间，比如"今冬降雪应该比去年多，但不会到 2014 年的程度"等，其理由也是"观测到的天气动态显示有超出厄尔尼诺的因素起辅助作用"，而难以具体到更细微的层面。坊间关于气象分析和预报的笑话也层出不穷、经年不衰，也常有让普通民众不甚理解的"蝴蝶效应"等名词出现。这些不确定性的根源就是大气无比复杂的动态——影响因素上至星系、下至分子，无论多么强大的计算机和数学模型也无法完美模拟整个系统，自然也谈不上精准预测。

类似的不确定性也常见于生态系统、生物机体、群体行为、巨型工程等方面。以群体行为为例,当个体在加入社会团体时,其心态和动机都会产生显著改变[20];与此同时,群体内成员之间的互动,包括语言交流、肢体动作、面部表情,也会造成各种各样的个体和群体心理变化[21]。这些心理变化不会止步于个体思维层面,而会以各种形式体现在人们的行为中,在某个或某些行为(如游行、暴力冲突等)受到社会关注或权威力量介入之前,个体行为会不断改变其他群体成员的思想和行为,不断增加群体行为系统的复杂性。在群体之外,其他社会团体的行为、政治经济环境的变化、媒体和其他渠道带来的信息等也会与此群体互相影响。此时传统的、针对系统组件的风险分析方法几乎完全失效,在实践中就可能让决策者和旁观者完全无法确定风险。

3.3.2 应对方法

在复杂系统和海量因子带来的不确定性面前,人们并非完全无计可施。风险决策从某种意义来说就是不断地将不确定性转化为可估算的风险的过程。上文提到工程师们根据经验给系统留出一定冗余量就是一类应对方法,即事先为不确定性预留一定的弹性空间。比如在机动车和道路设计中,尽管有成熟的交通法规和驾驶培训来减少不确定性,设计师仍然需要考虑驾驶员忽视规范和安全常识而造成重大事故的可能性;而这些设计冗余也常常有意无意地包容了机动车自身系统的组件失效。比如安全带、安全气囊、盲区雷达、自动刹车、弹性路障、道边噪音提示带等多重安全系统的存在,使得汽车上任何一个安全设备失效造成的危害可以很大程度地被其他设施弥补。

在维持当前系统可持续运作的基础上作出微调,也不失为一种应对不确定性的方法。这种模式并非人类首创,而在整个生态系统的进化历史中不断得到实践[22]。其核心思想是认同当前系统的有效性和防止突然的或过大的变动打破现有的复杂平衡,以避免出现更严重的问题。在体量较大的公共机构管理中可以经常看到这条原则的体现,例如,邓小平提出的"摸着石头过河"(渐进式改革)以及林德布洛姆1959年提出的"应付的科学"(Science of Muddling Through)(即 Incrementalism,渐进主义)。大型的公共机构,上至一个国家,下至综合性大学,都会涉及很多人和组织的利益关系。这些关系不仅存在于机构内部,而且跨越多重边界和多个层级。因此,短时间内、大规模的变动必然会造成很多人的利益损失,从而遇到大量的反对甚至是对抗,严重时也可能造成整个机构、系统的休克。而朝向一个远期目标的有限变动,其带来的震荡则很可能会被机构巨大的体量消化。留出"让子弹飞一会儿"的时间也允许利益相关各方自发协调,以达到新的平衡且无伤大体。

然而,当面对危机或者灾害状态下的不确定性时,人们常常需要即刻作出决定。若这些决定面对的是生死存亡时刻,又没有足够的资源和信息，抵御不确定性则可能需要些"即时行动"（Immediate Action）的精神。电影《阿波罗 13 号》里的地面站利用飞船现有材料制作氧气装置的情节为此提供了很生动的注脚。一线救援人员和灾害幸存者也常常在灾害前线面临同样窘境，比如无法预料的建筑结构变动（违建违拆等）、突然增加的救援需求（如 2017 年"哈维"飓风造成的休斯敦大水）、挑战极限的救援空间（如 2018 年泰国少年足球队洞穴救援）等等。灾前的艰苦训练和良好的心理素质为"即时行动"打下了基础；遇到不确定事件时的创造性和逻辑思考能力给问题提供了现场解决方案。

近年流行的"扁平化管理"也是一个解决科层制不确定性的方法。过多的层级在决策实施过程中因为需要自上而下的正式流程，每一层的信息传递都有可能扭曲决策的原本目标；在反馈过程中，底层的信息在逐步上达的过程中也有很多机会被（刻意）曲解。对于这类问题很多时候无法提前预估，因而也算是不确定性。而在层级极少、底层可以与顶层直接接触的扁平化组织中，信息和决策更容易保持原貌。但这类管理模式多适于规模较小、弹性较高或者重技术（下级自主性）的组织[23]，在职能较多、规模较大、组织内竞争激烈的环境下反而会形成隐形的权力层级[24]，从而增加了新的不确定性。

此外，感兴趣的读者不妨阅读一些讨论"高可靠性组织"（High Reliability Organization，HRO）的论文和书籍。HRO 包括机场、核电站、铁路调度中心、宇航基地等需要近乎杜绝灾难的机构。除了借鉴同类机构中有限的灾难经验，这类机构通过精简人事以形成责任感、建立多重交流渠道以规避信息扭曲、完善组织文化以强化成员维持组织目标的动力等方法来压缩不确定性的存在空间。

3.4 瞄准"好苹果"

一个主要决策的执行过程也涵盖一系列的风险决策，尤其是需要落实那些相对抽象的政策到具体组织或个人的执行过程。在政策分析中，落实过程又可称为"标靶"（Targeting），意即将政策许诺的资源或措施精准投向最合适的人或群体。举个例子，"9·11"事件中有大量消防队员牺牲在垮塌的双子楼下。有鉴于此，得克萨斯州议会以爱国之名立法，决定为得克萨斯所有的消防队员免除大学学费，前提是修习消防类专业［得克萨斯教育法案（Texas Education Code 54.353）］。这条政策的指向性看上去非常明确，但在之后若干年里仍然经历了几轮修正和司法解释。首先，哪个级别的高等教育可以适用？是仅包括三年制的社区大学和四年制的综合大学本科，还是涵盖硕士和博士研究生教育？其次，哪些专业可以看作"消防类"？各个学校的相关专业命名跨度极大，课程内容也有很大差别。再次，哪些人属于该法条定义的"消防队员"？一个消防队里可能有一级和二级消防员、消防中尉、消防队长、消防总长，还有司机、教官、后勤等人员。这里面还有不少不领工资的义务消防员（有些小镇只有义务消防员）。除了地方政府外，有些军事和营利或非营利机构也有自己的消防队（如军事基地、高校、机场等）。最后，决定是否为某个学生免除学费的权力在谁手里？这个（或这些）最终裁决者如何确认该学生是否满足法律要求？③

回答上述问题相对容易，毕竟消防队员都登记在案，消防员也都需要经过培训和认证，几轮司法解释之后对政策标靶的定位成本不算太高。但在很多关系到安全和福利的政策中，精确标靶就变得非常困难。美国的移民法案正是如此，也因此饱受诟病。作为一个完全建立在移民基础上的国家，美国的移民局一向将"美国是移民国家"的陈述放在机构简介中——直到 2018 年 2 月为止。是因为美国公民的基本成分有了本质变化吗？显然不是。改变用词的根源是意识形态的变化，即民粹政治的抬头和对新移民群体的种族排斥。到了政策执行的层面在标靶上又有两大变化：第一，移民管制的目标从限制非法移民悄然转向了限制全部合法和非法的移民；第二，移民局的服务目标从"全体纳税人"逐渐缩小到"有公民身份的纳税人"，把未入籍的移民完全排除在外，无论这些移民是否合法或是否纳税。且不论这些变化是否仍然符合设立移民局的本意，在政策执行当中具体的执法人员实则获得了极大的自由裁量权，比如是否或以何种理由将移民递解出境、采取哪种强制措施、以什么标准和程序来处置未入籍的移民等。因为在理论上任一合法或非法移民都不再是移民政策这个"公共服务"的对象，且都可能成为多变政策的打击目标，所以未入籍的移民们大有风声鹤唳之感，对联邦移民和执法机构的信任也因政策标靶不明而大打折扣[25]。

3.4.1 好苹果与坏赌注

一个决策的目标指向可以依照下表分成大致四类：需要避开的"坏苹果"（Bad Apples）、需要根除的"坏赌注"（Bad Bets）[26]，以及与此对应需要涵盖的"好苹果"和可以招揽的"好赌注"④（表3-1）。其中，"好苹果"代表了合法和完全符合决策本意的目标群体，"坏赌注"是既不合法又不符合决策本意的群体，对这两类人群的定位在理论上相对比较明确；而风险常常出现在所谓的"坏苹果"和"好赌注"当中，即可以合法获利但违反决策本意的群体，以及虽符合决策本意但被现有法律/规章排除在外的群体。

表 3-1 政策标靶分类

分类	合法	非法
符合决策本意	好苹果	好赌注
不符决策本意	坏苹果	坏赌注

任何国家都有贫困人口，为了防止贫困群体因难以生存而丧失对社会的贡献或者给社会秩序带来挑战，每个社会多少都有提供给低收入者的补贴或福利。拿了福利且遵守公序良俗（最好还能积极参与生产）的自然是对社会有益的"好苹果"；符合政策条件，钱粮到手却游手好闲，甚至跑去换酒精毒品的"坏苹果"也大有人在；不符合条件却依靠各类欺诈手段领取福利的"坏赌注"也屡见不鲜；还有相当一部分潜在的"好赌注"合法守信，却因某些设计不周的条款无法得到同样的福利。以"居者有其屋"的廉租房政策为例，倘若手握分配权力的执行机构出现腐败，则一些住房条件很好的社会成员（不符政策本意）可以借权力寻租来篡改收入和居住信息（非法申请）以占用有限的廉租房；如果缺乏住房分配之后的监管，则一些虽低收入且名下无房（合法申请），但宁愿挤占亲友住房而将自己名下的廉租房转租或倒卖以变现（不符政策本意）的人也是在浪费社会资源。另一方面，如果政策条款中缺乏对社会现状的认识和对廉租房建设的激励措施，则很多无力负担商品住房（可能符合政策本意），但收入又没有低至贫困标准（非法）的成员，也无法从该政策中得益。

在法制相对健全的社会或政体中，完善的立法和高效的执法使"坏赌注"易于封堵，较为少见。但"坏苹果"和"好赌注"则常常难以区分，对"坏苹果"的压制很可能伤及部分"好苹果"，而使其成为非法的"赌注"。古装电视剧时常使用一个"施粥"的桥段来凸显吏治的精明：为避免泼皮无赖冒充饥民，施粥之人会在粥中掺沙或强令受粥的青壮年参与劳动。换成经济术语就是提高申请者的"交易成本"而打消"坏苹果"们不劳而获的念头。现代福利政策中也有类似设置，如需要花大量时间阅读和填写的表格、需四处跑腿办理的证明等。但交易成本提高到何处则需要很精细的平衡手段，不然要么无法阻止泼皮无赖领粥的现象发生，要么造成需要努力"证明你妈是你妈"的低效行政。回到施粥这件"小事"，勒令青壮年参加劳动可能会使身染疾病或残疾的饥民被排除在"好苹果"之外，但若想将这些"好赌注"纳入施粥政策的指向，则需要在"青壮年需参加劳动"条款中为"病残"破例。可是破例后又要防止泼皮无赖冒充病残，需在粥棚设置医生或委托有信誉的医馆为饥民做健康鉴定，则平白增添了施粥者的行政成本。倘若魔高一丈，泼皮无赖变成有组织犯罪，伙同医馆或找人冒充医生造假，则坚忍不拔的施粥人又需出资调查取证、升堂诉讼来为广大饥民维护权利。但如果施粥人并无如此之高的道德标准（可以理解）或资金储备，则做身体鉴定和证明无犯罪记录的成本就会落在饥民身上，可又有多少饥民能在饿毙之前完成这两项耗时耗钱的任务呢？

3.4.2 拨款公式

决策指向除了回答"谁有谁无"的问题，也需要厘清"谁多谁少"

的争议。在决策对象有渠道影响监管（如汇报给监督或者司法机构）或以不同程度参与决策（如选举决策人）时，第二个问题因为涉及"患不均"则会显得尤为突出。上文施粥政策若分配给青壮和老幼均是同等分量白粥一碗，则可能一些人会吃不完浪费掉，同时一些人饥肠辘辘，因而最好可以根据年龄、体力、性别等特征来分配。在一个公共政策中，若上一级政府需要向多个下级政府或行政区拨款，则此类问题也会经常出现。例如，美国得克萨斯州政府每年会有一笔用于国土安全的专门款项，需要划归各个政府委员会来决定支付给哪些机构和购买哪些设备和服务。这笔钱会按照一个既有公式，以每个政府委员会辖区的人口、灾害风险、现有的防灾减灾水平、灾害容量和脆弱性等因素来加权计算具体数额。这样做的好处在于有很明确且相对科学的依据（一般来说公式背后都有统计数据和专业分析支持），当执行机构或者决策者、议员受到选民和利益团体质询时有据可依，决策或立法的目的也易于和公式的组分一一对应[27]。

然而使用公式也有难以解决的挑战。首先就是政策公式难以运用于波动性强的政治和社会环境，也几乎无法作为"管制性"政策的指导。一个政策公式的每个因子和其权重需要相当规模的数据支持，在环境变化剧烈的情境下，政策目标很难保持一致，所需的因子也常常变化，使得数据收集成本和难度急剧增高。而管制性的政策因其输入和产出都难以量化，也较难找到有共识的理论依据。

其次，公式背后的理论往往也有很大局限。比如，上述的国土安全拨款公式，或直接或间接地对各区域的人口设置了很高的权重，所以近年来有大量人口迁入的三大都会区（休斯敦、达拉斯、奥斯汀）每年得到的拨款都有大量增长；而人口增长较慢的远郊和农村区域拿到的资金则年年缩水。这些郊区和农村地区的安全威胁并未有显著下降，甚至因为陈旧的设备难以更新和雇员薪水下降而造成安全风险上升，但苦于公式所限和游说能力欠缺，并无力扭转这一趋势。

拨款公式的最后一个挑战与第二个相关，即拨款公式难以保证完全契合政策本意。按照一般选民理解，国土安全拨款理应提升全境的安全，而安全或风险并非与局部地区的人口密度或总量增减呈线性相关。但为何这个公式坚持给人口赋予如此高的权重？事实上该州议会和地方政府的若干联合会议中为修改这个公式和降低人口权重进行过很多次投票，但大都会区的代表总能依靠其强大的政治影响力将类似提案否决。如此一来，政策公式最终反映的是政治角力的结果，而不再是选民期待的政策本意。

第3章注释

① 完全意义的"民主"须符合六大假设：非独裁、普遍性、不相关选项彼此独立、社会

响应个人偏好的单调性、非强制性、一致性等。诺贝尔经济学奖得主阿罗(Arrow)在20世纪60年代即证明这些假设互相矛盾,无法同时满足。故绝对民主不存在。

② 归因于不确定性并非否认两次灾害中政治压力造成的管理道德问题,而是强调在给定的背景下,依据有限理性作出的决策或无法考虑一个复杂系统的全部风险因素。

③ 首先,适用三年制或四年制的专/本科生(Undergraduate)和研究生(Graduate)教育;其次,包括消防科学(Fire Science)、危机/灾害管理(Emergency/Disaster Management)、国土安全(Homeland Security)、公共行政(Public Administration)等专业;再次,包括任一公立或非营利机构消防队所有的全职和义务消防员;最后,由各高校的教务处和具体专业共同决定。

④ 笔者由原作引申命名。

第3章参考文献

[1] BRIDGMAN P, DAVIS G. What use is a policy cycle? Plenty, if the aim is clear[J]. Australian Journal of Public Administration, 2003, 62(3): 98-102.

[2] LASSWELL H D. Politics: who gets what, when, how[M]. New York: P. Smith, 1950.

[3] BLAKE E S, ZELINSKY D A. Hurricane Harvey(AL092017)[R]. Tropical Cyclone Report. Miami: National Hurricane Center, 2018.

[4] House Research Organization. Evacuation planning in Texas: before and after Hurricane Rita[Z]. Interim News, 79-2. Austin: Texas House of Representatives, 2006.

[5] PESCA M. The true death toll from Hurricane Rita[EB/OL]. National Public Radio (2005-10-04)[2019-08-28]. https://www.npr.org/.

[6] SHEPSLE K A. Bureaucratic drift, coalitional drift, and time consistency: a comment on Macey[J]. JL Econ. & Org., 1992, 8(1): 111.

[7] AINSWORTH S H, HARWARD B M. Delegation and discretion in anticipation of coalitional drift[J]. American Politics Research, 2009, 37(6): 983-1002.

[8] BEBCHUK L A, FRIED J M. Pay without performance: the unfulfilled promise of executive compensation[M]. Cambridge, MA: Harvard University Press, 2009.

[9] LAFFONT J J, MARTIMORT D. The theory of incentives: the principal-agent model[M]. Princeton, NJ: Princeton University Press, 2009.

[10] OSBORNE D. Reinventing government[J]. Public Productivity & Management Review, 1993, 16(4): 349-356.

[11] SELBY W G. Andrew White behind the times in saying Texas ranks 43rd for its schools; it's in 40th place lately[EB/OL]. PolitiFact Texas(2018-01-25)[2019-08-28]. https://www.politifact.com/texas/.

[12] POWELL R R. Evaluation research: an overview[J]. Library Trends, 2006, 55(1): 102-120.

[13] MUNGER M C. Analyzing policy: choices, conflicts, and practices[M]. New York:

WW Norton, 2000.

[14] GREINER K. How much student loan debt is too much[J]. Journal of Student Financial Aid, 1996, 26(1): 1.

[15] MONKS J. Loan burdens and educational outcomes[J]. Economics of Education Review, 2001, 20(6): 545-550.

[16] JOSUWEIT A. 6 Ways congress can help ease the student loan crisis[EB/OL]. Forbes(2017-11-05)[2019-08-28]. https://www.forbes.com/.

[17] BERGIN C. Remembering the mistakes of challenger[EB/OL]. NASA SpaceFlight (2007-01-28)[2019-08-28]. http://www.nasaspaceflight.com.

[18] Presidential Commission on the Space Shuttle Challenger Accident. Chapter IV: the cause of the accident[R]. Washington, DC: Report to the President, 1986: 40-82.

[19] WOODS D D. Creating foresight: lessons for enhancing resilience from Columbia [M]//STARBUCK W H, FARJOUN M. Organization at the limit: lessons from the Columbia disaster. Oxford: Blackwell, 2005.

[20] KOTTER J P. The psychological contract: managing the joining-up process[J]. California Management Review, 1973, 15(3): 91-99.

[21] MORELAND R L, LEVINE J M. Socialization in small groups: temporal changes in individual-group relations[M]//BERKOWITZ L. Advances in experimental social psychology(Vol.15). New York: Academic Press, 1982: 137-192.

[22] KELLY K. Out of control: the rise of neo-biological civilization[M]. Reading, MA: Addison-Wesley, 1994: 258.

[23] VOSSELMAN E G. Towards horizontal archetypes of management control: a transaction cost economics perspective[J]. Management Accounting Research, 2002, 13 (1): 131-148.

[24] DIEFENBACH T, SILLINCE J A. Formal and informal hierarchy in different types of organization[J]. Organization Studies, 2011, 32(11): 1515-1537.

[25] FISCHLER J. New Jersey police seek immigrant's trust, get pushback from ICE[EB/OL]. Roll Call(2018-12-19)[2019-08-28]. https://www.rollcall.com/.

[26] SCHUCK P H, ZECKHAUSER R J. Targeting in social programs: avoiding bad bets, removing bad apples[M]. Washington, DC: Brookings Institution Press, 2007.

[27] LOUIS T A, JABINE T B, GERSTEIN M A. Statistical issues in allocating funds by formula[M]. Washington, DC: National Academies Press, 2003.

第3章图表来源

图3-1 源自：https://medium.com/the-weather-channel/evacuate-or-stay-1f1c87b1d62c.

图3-2 源自：https://9gag.com.

表3-1 源自：笔者根据SCHUCK P H, ZECKHAUSER R J. Targeting in social programs: avoiding bad bets, removing bad apples[M]. Washington, DC: Brookings Institution Press, 2007 修改绘制.

4 决策过程中的风险交流

灾害研究的学者常常有些充满争议的观点。比如大卫·麦克恩特（David McEntire）在其多篇论文中推广这样一个公式：灾害（Disaster）= 危险（Hazard）× 脆弱性（Vulnerability），意指一个危险情况（如龙卷风、洪水、航天飞机上掉落的碎片等）倘若没有与脆弱性（如不结实的建筑、低洼地区或行动不便的居民、厚度有限的机翼等）相遇，则并不会产生灾害和造成损失。这个公式背后的逻辑不难接受，但在任何脆弱性均与人相关的前提下，由此得出的两个推论则每每在"危机管理入门"的首堂课上引发不小的争论：其一为"若无人参与，则没有灾害发生"；进而可以得出"若有灾害发生，则必然有人参与"（逆否命题）。

第一个推论涉及世界观，即我们关注的问题是否最终一定要落实在人类身上。假如海底火山喷发或者太阳耀斑爆发造成一些动植物死亡，但对人类的影响极其微小，是否可以忽略这些事件？鉴于本书讨论的是人类的决策，在资源有限的前提下，我们姑且只关注与人类相关的问题。而第二个论点引起的争议基本都来源于一个引申问题：身为灾害受害者的我们，是否也因为自己的脆弱性而参与了灾害的形成？——毕竟我们可以选择建造坚固的住房或者住在地下，可以不住在洪水线以下的地区，也可以抛弃有机翼的航天飞机而改用返回舱。但有经验的学生或听众此时一般会大摇其头，因为这类观点涉嫌"受害者责难"——即不去批判始作俑者，而对受害者未能保护自己妄加苛责。毕竟很多时候人们住在高风险地区，或者成为难以避险的老幼病残，并非个人可以主动作出的选择。

不过，当面对大自然这个"加害者"时[①]，我们几无可能对其进行审判或靠严峻刑法来阻止"老天爷"继续施暴。我们能做的往往只有在技术和成本的限制内，尽量降低自身脆弱性，避免脆弱性和危险这两个灾害条件碰面，或及时切断双方的纠缠。作为一个社区的领导机构，公共部门的风险管理决策者身负的责任自然是重中之重，但当危险即将降临时，决策者们的声音有时又显得大意、苍白和不及时。2005年的"丽塔"飓风（Hurricane Rita）登陆加尔维斯顿时，远在疏散区以外的休斯敦市长一声"逃命去吧"制造了美国史上最严重的疏散堵车[1-2]；唐山地震之后，受当时国情限制我国拒绝了其他国家的援助[3-4]；福岛核事故前后，地方和中央政府隐瞒灾情、耽误了疏散和救援计划[5-6]；印度洋海啸将要临岸时，游客没有得到任何警报，反而好奇地走向迅速后退的海水[7-8]……即使那些貌似正确的决策背后，又有多少靠的是"科学理性"，多少靠的是"福星高照"呢？

以上种种问题表明，所谓的"科学决策"几无可能完全超脱出人的主观意识。换句话说，即便有"客观风险"存在，风险决策也必然是主观的、在社会成员之间的互动过程中形成的。这些主观的决策源于人们对危险的观察和解读、对脆弱性的理解、对资源的掌握、对自身的认识、对彼此提供的信息等等，通过一系列的逻辑假设、求证、想象，最终力求达到消减灾害及其影响的目的。在美国数十年系统化的风险和危机管理实践中，决策和规划人员逐渐认识到"危险"事件本身只是一种前提条件（甚至都不必然是客观存在），而应对威胁的社会成员、他们的意识、成员间的风险信息传递则更值得研究和改进[9-10]。若危险源于人类自身（如战争、恐袭、事故等），我们可以通过对个体或群体行为的观察和介入（如交流、激励、禁止等）来防止或减少危险；若危险产生于人类社会之外（如自然灾害），我们则应当加强对危险迹象的观察，有效且快速地发布和交换信息，并协调各类相关社会功能以作出妥善应对。从脆弱性的角度来看，这些举措统统有利于提高人类社区面对危险时的抗性和韧性；忽视风险意识和风险信息交流则会任由危险滋生，并在不堪一击的人类社区中逐步演化成巨大灾害。

本章着重介绍三个涉及风险交流的研究和实践框架。这几个框架近年来在学界逐渐得到了广泛接受，并涵盖了三个尺度的风险交流过程。① 个体行为过程。这一过程的模型框架为"防护行为决策模型"（Protective Actions Decision Model，PADM）。该模型描述了个人或家庭从对危险迹象和自身脆弱性的观察理解出发，到如何形成风险意识，并根据风险意识做出行动的过程。② 社会现象过程。这一过程的模型框架为"风险的社会放大与收缩框架"（Social Amplification and Attenuation of Risk Framework，SAARF）。该模型力图解读一个风险事件的相关信息如何在个人、家庭、社区、组织、社会之间发展演化，并为何最终形成与事件本身并不对等的后果。③ 实践应对过程。此过程的模型框架简称为"思维模型方法"（Mental Models Approach，MMA），它为弥合不同社会单元之间风险意识的差异提供了实践参考。

4.1 防护行为决策模型

得克萨斯的北部地区［包括狭长地带（Panhandle）、中北部（North Central）、东北部（Northeast）三个区域］常常遭受龙卷风的威胁，所以在当地的救援队伍中经常流传着一些传闻。其中之一是当龙卷风预警发布时，很多人家听到汽笛后的反应并不是钻到四面无窗的空间躲避，而是充满好奇地拖家带口走出门外"看上帝"，因此传说民众被半空掉落的汽车、冰箱、洗衣机吓到或砸伤的传闻也屡闻不鲜。类似的行为也出现在飓风疏散当中，比如调查发现，经历过飓风疏散但没有因飓风造成损失的家庭，则再次听到疏散命令时会有更大概率违反命令待在家中。与之相对的则是从未经历过飓风的人，如果在媒体渲染下见识到风灾洪水的破坏，则会对一点风吹草动非常敏感[1]。这些行为从外人角度看似很不理性，但当我们站在当事人的位置，体会到其心理变化时，则很可能得出"我也会作出同样决定"的结论。由此可见，了解造成心理变化的因素和变化的过程，是解读和预测个体行为的关键。防护行为决策模型（Protective Actions Decision Model，PADM）即提供了一个较为完备且系统化的框架，以理解各类因素在风险交流中对个体、家庭避险行为的影响。

4.1.1 所见与所想

如图4-1所示，防护行为决策模型大致可分为三个阶段：各种信息的收集和纳入、风险在意识中的投射和反映、做出的具体应对行为。在第一阶段中，个人或家庭会从不同渠道得到线索，对可能存在的风险形成第一印象。这些渠道也许体现在自然环境中（如大风、冰雹），也许在社会环境里（如突然朝一个方向奔跑的人群），也会有各种信息来源间接提供线索（如社交媒体对一个事件的大量转发）。这些具体的线索也会受到很多因素制约，比如个人对信息渠道的偏好［如美国的保守派选民对福克斯新闻（Fox News）频道的依赖］、自身条件和特征（如健康状况和批判性思考能力）、线索的具体内容（如简单明确的指示或含混矛盾的解释）等。在管理和行政研究中有大量的文献集中于对这一阶段的研究，尤其是涉及公共关系和信息发布的议题，因为这些因素可以直接受信息发布者控制或影响，也较易产生立竿见影的结果[11]。

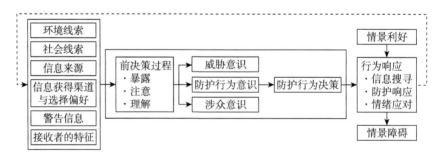

图4-1 防护行为决策模型

第一阶段中的研究发现对决策者的参考价值很大，尤其对于传统的强势部门来说，若一直站在信息发布者的角度，则难免忽视信息传递的有效性以及信息缺失带来的不良后果。以飓风登陆前的强制疏散令为例，行政机构的传统做法是通过广播、电视、社区大喇叭等媒体发布命令，但很多"千禧一代"并无收看电视和收听电台的习惯，有听力障碍或者使用其他语言的居民也可能错过警报信息。美国国土安全部在成立伊始（2002年）曾经推行过一个针对恐怖袭击风险的色彩警报系统，由红色至绿色分五级依次代表从"严重"威胁到"低"威胁。但这个色彩警报系统在其存在的九年之中不断受到批评，因为受到恐怖袭击风险威胁的民众完全没法从中得到任何细节，例如消息来源、威胁种类、如何应对等信息非常模糊，相反居民只会感到不同级别的恐慌[12]。权威部门为了避免所谓的"恐慌"和"混乱"而刻意掩盖信息的举措更是在各国饱受诟病，因为人们若关心某个风险事件，则会通过不同渠道被动和主动地收集信息，官方或权威信息的缺失自然给谣言和阴谋论提供了极佳的土壤，反而可能带来更多的不稳定因素。

4.1.2 从意识到决定

PADM 的第二阶段则描述了从人们得到初步的风险信息后形成对风险的理解（意识），一直到依据这些风险意识作出决定的过程。林德尔（Lindell）和佩里（Perry）将这个过程大致分为三个步骤：前决策过程（Predecision Process），风险意识 [分为威胁意识（Threat Perceptions）、防护行为意识（Protective Action Perceptions）、涉众意识（Stakeholder Perceptions）三类] 和防护行为决策（Protective Action Decision Making）。在 PADM 发表之前，这个阶段的研究和文献相对比较松散稀少，很可能是因为行为心理过程难以有效测度，且相关学科尚未引入比较前沿的行为心理学的研究发现。

本阶段的三步有很明确的逻辑相关性，举例如下：一个人最初面对一条风险信息（如天气预报）时尽管该信息已经进入感官系统，但也可能由于各种原因忽视它，像语言不通、有重要电话或孩子哭闹干扰等。若该信息成功引起此人注意，则几乎在同时这个人会着意去理解该信息的含义，比如天气新闻中简短提到的"厄尔尼诺""热带气旋"等名词。此时这个案例主角的教育背景、生活经历、工作内容、平时关注的话题等就会给他/她带来一个可供类比的意象，从而将一条抽象信息转变为具象的"启发"。这份启发即可在第二步协助形成关于风险的意识，包括是什么样的威胁——反常天气会不会带来短时间大量降水和大风，会不会影响正常的工作生活，是否有可能摧毁自己的住宅甚至造成伤亡，以及有没有可能与自己擦身而过等。风险意识也包括对防护行为的预估或假设，例如想象疏散时需要携带哪些物品、由谁照看宠物、去避难所还是朋友家、家里空无一人会不会遭抢……与此同时，还会在意识中对风险的利益相关人/涉众进行衡量，比如发布信息的机构是否可信、有没有给出行动建议、其他的权威部门或者亲朋好友有没有不同意见等——

谁在"我心中"地位最高，谁的意见就会最多参与形成此人的风险意识。而到了第三步，当风险意识已经明确形成时，此人就会据此作出针对性的决定——"风大浪急，又有气象预警，学校的危机管理部门也建议撤离，正好一个身处内陆的好友盛情邀请，不如带上家人、宠物和贵重物品去他家躲几天。"

4.1.3 应对行为

待防护行为决策作出后，风险交流即进入第三阶段，作为行为单元的个人或家庭须将决策付诸行动。灾害其时，很多看似简单明确的决定还会受到各种主观因素影响，使得具体实施这些决定并非和预料一样直截了当。除了按照防护行为决策而采取行动外，人们常见的应对行为之一就是信息收集（又名"拖延"），如持续关注飓风移动方向、搜索威胁的变化、观察邻居或亲朋的行为等。执行防护行为决策常伴随着各类潜在成本，包括在危机时刻为了生存或减少损失，必然无法保全所有的财物，也有因防护行为而占用原本安排好的时间或资源。因此，人们在作出决定后往往不会停止收集信息，尤其是有利于避免执行防护行为的信息。面对威胁时，人们的心理也会因灾变异象受到冲击，所以针对情绪的应对和调适也属于决策后行为的一类。

在个人的主观能动性之外，仍然存在一些客观条件或促进或限制防护行为决策的实施。比如发生在夜间的地震，很多人会因为熟睡而耽误逃生，行动不便的老幼病残也较难脱离险境——无论他们有多大意愿采取防护行动。参与救灾管理的机构有必要为这类情况提前布置，从而降低"情境障碍"（Situational Impediments）的危害。相对应的是，公共机构或者社区邻里提供的一些资源也可能促进人们执行防护行为决策，例如，从独立学区借用校车派送至公寓门口帮助疏散无汽车的家庭，或内涝时邻居开来高悬挂皮卡和橡皮艇等。此时虽然面对威胁但仍在观望的居民往往会下定决心撤离，即便之前担心的疏散成本问题（财物损失、生活不便、影响生产等）并没得到实质性解决。

4.2 风险的社会放大与收缩

个人和家庭的行为植根于社会和群体之中，但群体的行为并非是个体行动的简单叠加。松散或紧密聚集在一起的人群当面对风险和威胁时，尽管个体行为可以透露一点端倪，但层出不穷的社会事件不断证实了群体的社会行为有其自己的章法。20世纪90年代初，山西太原有线电视台曾经播出一条无头无尾的广告，内容类似于："敬告市民：据悉'四不像'从雁门关进入本地区，不日将进入千家万户，请大家关好门窗，留心观察。"[②]区区一条商家博眼球的夸张宣传，在当年信息渠道有限的条件下变成了一个风险事件,最后在全市造成了不小的恐慌。笔者依稀记得当时人们互相讨论猜测什么是所谓"四不像",及其为何能飞檐走壁、能造成什么危害等内容,在政府出面辟谣之前,食草的麋鹿在人们的集体臆想中已隐隐有了堪比上古神兽的能力。对转基因农作物的妖魔化也是一例,从最初尚且有一定依据的"害虫勿近"到半真半假的"造成器官病变"和"产生毒素",再被上纲上线到"美国人都不吃""只针对黄种人基因""帝国主义的阴谋"等等颠倒是非的阴谋论,让任何有科学素养和责任感的辟谣者都疲于奔命,然而坚信转基因危害的人们仍能找到各种似是而非的"论据"来到处传播。

另一方面,有些风险信息在短暂成为热点后迅速消退,甚至完全未在目标人群中有效传播或达成共识。例如在环境条件允许的前提下,人们倾向于住在风景秀丽的地方;然而美好风景几乎都位于地貌有较大变化处,如山谷、海岸、峭壁、河流的大弯等。这些地方几无例外都是自然灾害高发区,但数千年来人们总是有意无意地忽略或低估这些风险与地貌的关系。即便是在刚刚发生过灾害的地区,只要重建恢复且风景依旧,留下来按原样生活的仍是大有人在。即使对那些给全社会造成影响的风险事件,如天津港爆炸(2015年)、上海幼儿园虐童(2017年)、滴滴顺风车罪案(2018年)等,人们的关注和采取的集体行动(捐款、抵制和转帖等)也只会在很短的一个时间窗口内集中出现,继而很快被其他事件取代。因此,有能力的决策者需抓住群体的风险行为规律而因时制宜,或利用"事件窗口"推动制度变革,或暂时不采取任何行动,待风头过去再执行具有争议的政策。卡斯帕森(Kasperson)等人提出的"风险的社会放大与收缩框架"(Social Amplification and Attenuation of Risk Framework,SARF 或 SAARF,图 4-2)对这些规律从风险交流的角度作了系统梳理。

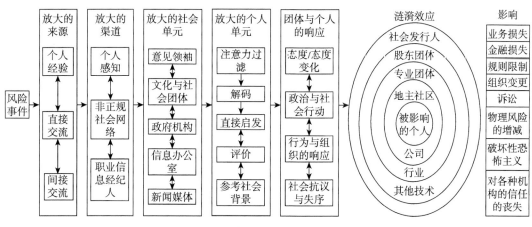

图 4-2 风险的社会放大与收缩框架

4.2.1 意识和行为的放大与收缩

SARF 将风险事件和最终影响之间的过程描述为两个阶段：社会各单元对风险的放大或收缩，以及风险扩散的涟漪效应。与 PADM 不同的是，SARF 对风险事件有"客观性"的假设，即某个事件发生的风险客观存在并确定，而人们在风险交流过程中会扭曲这个确定的风险。刨除这个区别，SARF 的第一阶段与 PADM 整体有一定的相似性，比如都考虑到社会环境和信息渠道对人们的影响，描述了风险信息在心理过程中的变化，也都概括了应对风险信息的行为。所不同的是，SARF 着重将成为风险意识之前的风险信息放大过程分为了三步：放大的来源、放大的渠道、放大的社会单元（Social Stations）。而当风险信息到了个人的心理层面仍会进一步放大（或收缩），被称为放大的个人单元（Individual Stations），并进入个人和群体的行为中发酵。下面以 2018 年 8 月的滴滴顺风车司机奸杀案为例来辅助说明。

综合梳理各主要媒体信息可以发现，在案发过程前，顺风车的运营模式和司机中的潜在犯罪人员产生了风险事件。在第一步"放大的来源"中，受害人亲身经历了风险事件成为事实（犯罪侵害）并将该信息直接告知其朋友；在第二步"放大的渠道"中，该朋友（包括警方）在与客服交涉未果的情况下，判断风险升级，将事件信息发布在社交媒体中以扩散至非正式的社会网络；到了第三步，意见领袖、公安部门、大众媒体等"社会单元"进入风险信息的扩散圈子，把风险信息传达至大量的网民个体。由于没有相关的调查研究，第四步的"个人单元"是如何放大风险信息的暂不得而知，但大家作为网民的经历多可以印证这些概念，例如犯罪侵害事件的相关信息如何进入视野，自己脑中如何解读这些信息，是否有其他相似事件可直接拿来类比，以及对事件和社会环境的评估等。待该案在脑中形成完整概念时，我们就会产生对此风险的态度，比如厌恶、悲伤、生气等，也会由此做出行动——小至点赞转贴或发动同事朋友抵制滴滴，最终若监管部门没有对这些做出应有的监管，网民和群众甚至可能走上街头游行示威。严重的刑事案件并不鲜见，由于某些原因给人们造成损害的风险也一直存在，但在很长一段时间内，唯独此案发展成如此多人参与关注和议论的社会话题，这是一个典型的风险事件在社会交流中被扩大了的案例。

4.2.2 涟漪效应

风险意识的高低变化不仅仅发生在与风险直接相关的人和人群中。当风险信息传递到更大的社会单元后，可能会带来更大的影响和难以预料的结果。2011 年的"7·23"甬温线特别重大铁路交通事故中，受到直接影响的当事人（受害者和幸存者）包括当时列车上的乘客和工作人员，间接受到该风险事件影响的则可以扩大到动车的管理者、建设者、和（潜在）使用者等。但该灾害发生后，参与讨论和行动的人群明显比直接和间接受影响的群体规模大很多——不仅包括全国从各种渠道获知消息的公民，还包括海外因各种不同原因关注中国的组织和个人。按照SARF的假设，可以将受直接影响的个人看作涟漪的中心，紧接着就是当地直接参与救援的村民、救援队、铁路分支机构等。除此以外，事故影响扩大到了较为专业的组织，比如有工程师和系统管理专家参与讨论和事故分析，也会有行业内的各类人员在官方和私下的组织与平台中传播消息。当影响持续外扩时，会有其他利益相关人介入行动或加以关注，如乘客（用户）、投资人、政治团体、各级分管行政机构等。这一级别也可能会引发其他相关技术团体的关注与讨论，如同为"高可靠性组织"（High Reliability Organization，HRO）的机场、危险品储运生产商、核电站等，因为此类技术性灾害事件的成因多有管理和人为疏失的共性，可供其他HRO借鉴。

4.2.3 长远影响

在图4-2的SARF模型中，风险的涟漪效应后有一系列的影响。实际上这些结果并非必然发生在风险信息扩大之后，而是与涟漪效应甚至第一步的风险意识放大（收缩）同时发生。仍以"7·23"动车事故为例，在颇具争议性的紧急抢修后，事故路段在仅仅两天后就重新开通运营，此时人们的风险意识与事件影响的扩张尚未结束，而已经有很直接的后果在全国范围内出现——暴降的高铁和动车上座率[13-14]。铁路相关的股票也在市场中有对应的表现[15]，更不必说近两亿元人民币的直接经济损失。在事故后不长的时间内，高速铁路的建设也遭遇各类停工、农民工失业返乡、银行限贷等打击[16]。这些事件与风险信息的扩散和提升几乎是同时出现。

风险事件带来的制度性影响则相对滞后，因为管理部门需要系统性地梳理事件的前因后果，并出具调查报告后方可作出有针对性的改变。在正当程序相对完善的政体中，公共组织与制度的改革需要一系列的立法程序，会进一步地推迟这类影响。动车事故之后除了救援组织外，首先成立的就是国务院的临时调查机构，在该机构出具报告后，铁道部和相关部门的处罚决定才可正式发出并执行。在后续的影响中，还包括按照现有流程法规的部门改组、人事任免、刑事立案侦查等行动。

当风险事件扩散到整个社会层面时，人们对事件的始作俑者的信任亦会大幅下降，在政治层面上也会表现为不同党派或政治团体之间的互相攻击甚至是利用风险事件对对方进行蓄意破坏。有时这类争论甚至会掩盖人们真正关心的问题，即忽视了到底造成事件或灾害的风险（假设存在客观风险）是降低或维持不变，还是被疏忽而提高了。

在整个风险交流过程中，SARF 也描述了一种"风险意识收缩"的可能。换句话说，一个潜在灾害的风险来源虽然是客观存在，但在个人的理解与人际交流间可能被忽视，而最终无法给社会带来其"应有"的影响。但这一类假设较难验证，因为倘若该"客观"风险尚未具象化成一个灾害，则我们作为观察者很难认定该风险是真实存在还是主观臆断。譬如 2013 年得克萨斯的韦斯特市（City of West）化肥厂爆炸事件后，美国烟酒枪炮与爆炸物管理局的分析报告指出有故意纵火行为[17]，但爆炸时该化肥厂对危险品的存放、管理、报告等并无不法行为。也就是说，化肥厂的"风险"自始至终（除 2006 年发现有未经批准的无水氨储存并得到整改）都暴露在监察部门的眼皮底下，且当地居民和政府也有充分渠道了解风险信息，但人们对其存在习以为常，并未作出相应的准备和减灾措施。甚至在爆炸后颁布的州法中，也多是加强监管和投诉应对等"软性"要求，没有对危险品存放的保护和空间规划作出任何改动③。如今，除了危机管理专业的课堂会偶尔讨论这次爆炸，此事件早已淡出了人们的视野，广泛存在于美国小城市的危险品生产和储存方式仍然没有根本改变。

4.3　思维模型方法

与前两个框架相比，思维模型（Mental Models Approach，MMA）方法略有不同，因其更多关注如何有效地将风险信息（实为风险意识）由"专家"传递到"外行"手中，对理论性的探讨和解释并无过多着墨。这个特色对风险决策的实践人员来说实为一项优点，尤其是在"令行禁止"的准军事组织中，精准快速地实现既定目标是最重要的原则之一。当风险事件即将来临或已然开始扩散时，如何使组织内部、管辖的社区、目标用户等"非专业"的受众认同决策者的风险分析，对于风险的应对与控制至关重要。在此基础上，摩根（Morgan）等人在 2002 年发表了一本指导性手册[18]，力图通过访谈把人们脑中的"风险模型"具象化，并由此制定交流方案来减少"专家—外行"的意识分歧。

思维模型方法假设专家对风险的理解最为接近"客观事实"，所以其基本行动逻辑首先确定的是风险的"专家模型"（Expert Model）。在专家模型中，一个所谓的"影响图解"（Influence Diagram）是定义客观风险的核心，在确定若干条可能发生风险的因果关系后，该图解可以针对每个有可能出现的风险因子提供可选择的应对行为，以期影响或消灭这些因子。比如，"在楼梯上滑倒"有这些可能的原因：楼梯的几何形状、楼梯间的光照、家猫习惯的睡觉位置、孩子乱扔的玩具、年老腿脚不便等。这些因素中，除了对家猫和年老无能为力以外，人们可以通过改建楼梯、提升光照、管好小孩等方式影响风险因子的出现，而最终降低滑倒的可能性。在较为复杂的风险分析中，影响图解可能会非常复杂，所以风险交流管理员（调查人员）需要非常谨慎地设计对专家的调查方法，可能需要组合多种手段以厘清每个概念结点间的因果关系，比如访谈、场景模拟等。

专家模型确定之后，管理人员则需要将各个概念结点和主要因果关系转化成一系列通俗易懂的问题，并组成一份"确认问卷"（Confirmatory Questionnaire）发放给目标群体——外行或大众。这份问卷中的每个问题需要尽可能地清晰明确、含义单一、不易产生误解。例如在语法上只有主谓宾结构而尽量减少修饰成分的简单句（如"气候是天气的平均""地球气候从未变化""天气就是气候"）就很适合用作"是—否"问题的题干。当有足够样本的问卷回收之后，调查人员需要在结果中整理"外行"们对风险理解的缺失集中在何处，在此基础上列出有必要重点普及的风险信息，并拿给专家确认用词的准确性。这些重点风险信息最后会包含在一系列的风险交流工具中，比如面向目标群体的集中访谈、讨论组、问卷测试、设计任务等。管理人员也需要在和目标人群的互动中随时衡量交流工具的效果，以尽可能地弥合对风险认识的"专家—外行"鸿沟。

作为一种直接面向风险意识分歧的方法，思维模型提供了一套非常实际的操作流程，尤其在专家或权威机构需要说服一些利益相关团体时可以起到很大作用——比如面对"邻避问题"时有针对性地答疑解惑。但这套方法也有其局限性。首先，若干轮的调查、整理、分析、交流需要耗费大量的人力物力和时间，在短期风险或者不确定性面前难以实施。比如天气灾害的发生很可能就在数小时到数天之内，当风险因子大量出现时已经很难有时间去发放问卷整理模型；地震、火山爆发等地质灾害风险难以准确测定，即便有了较为肯定的预期，也可能由于地质活动的缓慢而使当地居民怀疑风险信息的准确性。这两类情况可能需要在社区中进行长期的调查、教育和演练，同时需要为流动人口和高脆弱性群体作特定的准备。思维模型方法的另外一大局限是其交流本质的单向性，即风险信息主要由专家向外行流动，而较少考虑风险交流对象的诉求。一般来说，风险交流的目的之一是希望目标群体采取一些行动，比如 PADM 中的"防护行为"或者让"邻避运动"参与者偃旗息鼓。但对于目标群体来说，最终风险事件是否发生并非一个连续变量，而是"风险事件发生，采取的行动派上了用场"或"风险事件没有发生，采取的行动浪费了成本"两类。所以即便是在符合思维模型方法的场景中，管理人员也需要兼听双方意见，为"外行"们提供一定的激励或补偿措施，而非一味地促使他们接受专家观点。

4.4 风险应对行为的迷思与现实

无论是防护行为决策模型还是风险的社会扩大与收缩，都有一个根本前提，就是不同的个体在不同的时空条件下对风险的理解大相径庭。

思维模型方法其实也默认了这一点，才提出若干种方法来弥合这些鸿沟。虽然本书若干次提到风险的主观性，但我们仍然可以确定有些风险往往只存在于人们的幻想当中——或者在历史中不断被证伪，或者在千万次灾害中仅仅偶然出现。这些"迷思"（Myths）多源于三分真实七分虚构的传言，在文学和影视作品中被艺术化处理或放大，再由人们对未知事物的恐惧浇灌，最后成长为让人闻之色变的恐怖之物。本节大致介绍几种人们经年累月形成的迷思以及对应的现实——前者大量存在于各类灾难题材的电影和小说里，而后者往往只会出现在风险交流的课堂或书刊中，只因现实远不如虚构来得引人入胜。

4.4.1 僵尸来袭

僵尸题材在东西方文化中都有一定地位，虽然种类和衣着有所不同，但都是已死或将死之人在意识丧失的情况下恢复了行动能力，对原本的亲朋故旧甚至是任何活人进行攻击。除了东西方共有的不会感到疼痛、难以消灭等特点，"西式"僵尸还有一大特殊威胁：强大的传染能力。这份独特能力使得僵尸侵袭之处一切鸟兽活人统统变鬼，加入僵尸阵营。在美国有一群号称"生存主义者"（Survivalists）的人，其中有不少坚信僵尸（类）风险的存在，他们会购置大片土地，建设围墙，挖出地堡，囤积武器、弹药和粮食，制定各类极端情况下的行动和配给计划等，力求把僵尸阻止在外或是完全消灭。图4-3至图4-5是2017年美国房屋交易网站Zillow发布的一个占地200英亩（1英亩≈4 046.86平方米）的生存主义者"基地"，地堡里面有可供20余人生活起居的装备，还有信息管理系统和空间密封装置。假如房主备有相当数量的燃料和淡水，估计在核冬天都能比其他人多熬几周，想必基地的建设和行动设想中也有针对类似大规模僵尸袭击的应对计划。

图 4-3　一个生存主义者堡垒的广告

图 4-4　生存主义者堡垒的入口

图 4-5　生存主义者堡垒的房间

在建设僵尸堡垒这种看似荒唐的举动背后，往往隐藏着人们对突发灾难情境下无法预测的混乱的恐惧，比如拥挤踩踏、恐慌乱跑、崩溃撒泼等可能带来危害的混乱行为都是由丧失了理性判断而造成的。僵尸们漫无目的地游荡，一哄而起地奔跑，逢人则噬的疯狂都非常符合我们作为"正常时期"的"正常人"对灾难时期人们恐慌行为的预想；在政治动荡的地区，暴民们打砸抢烧的影像资料又加强了我们对其真实性的印象。所以有私产的地主富豪，甚至是中产小康，都会希望有个坚固堡垒可以将混乱隔绝在外。

但毕竟应对灾害风险不是参与战争，人们的理性也没那么容易崩溃。首先，危险当前人们的奔逃其实是非常理智的避险行为，冲向火场被消防员劝离的人们也未必都是慌不择路，而可能是有心抢救财物但没有意识到大火的杀伤力。其次，幸存者的六神无主或者精神崩溃是其在灾害中受到心理创伤的表现形式，而心理创伤的发作也常是在已经脱离了直接风险或灾害威胁之后。这时他们需要的是专业的心理救援和疏导，而不是敬而远之和与世隔绝。最后，在灾害混乱期间犯下各类暴行的人恐怕是除应急人员外最为理性的群体，他们可以镇定且敏感地意识到公共权力短暂的缺位，意识到可以利用的秩序漏洞，甚至可以迅速组织起来达到不法的目的。但需要注意的是，在传闻和媒体报道中的"暴徒"也时常包括一些生存受到严重威胁（如缺衣少穿且救援物资被隔绝时）而进入看似"无主"的超市偷窃基本生活用品的幸存者，他们的行为或有争议，但仍是基于相对正当的生存需求，对社会的破坏性也远不及有组织的洗劫和武装袭击等行动。

如同电影 WWZ（《僵尸世界大战》）般歇斯底里的恐慌行为确实可能出现，但在现实中人们的行为彻底失控需要同时满足至少两个相对苛刻的条件——没有出路的密闭空间或区域，以及迫在眉睫的危险[19]。2003年美国罗德岛的夜店大火事件就体现了人们从理性到恐慌的整个过程。起火原因非常明确：乐队为了助兴在室内放烟花，引燃了天花板的隔音材料，且由于之前该夜店有若干种违反消防规范的行为，火势和黑烟迅速扩散并在数分钟内将能见度降为零。最终有100人死于毒烟、高热和踩踏，另有近300人在事故中受伤[20]。根据幸存者叙述，人们最初发现火情失控时虽然紧张，但仍然是有序地向着主出口（即人们进场时的入口）移动，也不失排队礼让行为[21]。而当烟雾突然扩散时，不规则的房型、被封闭或阻拦的出口、被浓烟遮蔽的视线使得人们顿时丧失了方向感而拼命向记忆中的出口方向拥挤，但出口的狭窄通道和两道大门立时被人流堵塞，最后谁也动弹不得，很多人丧命于门口或出口通道旁边的房间（图4-6）。有少数幸运儿在恐慌发生后自发或由救援人员破窗救出，而当密闭空间这一条件不存在后，恐慌行为也自然消失了[22-23]。

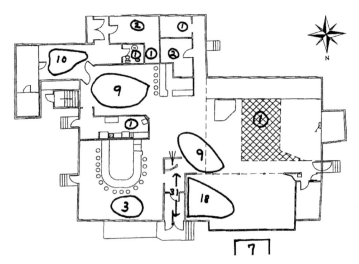

图 4-6　遇难者尸体被发现的区域和数量

注：下方中部为主出口通道。图中数字表示发现尸体的数量。

4.4.2 大难临头各自飞

很多灾难主题影片（包括不少僵尸题材的影片）也会着力铺垫危急时刻人们只顾自己逃生，甚至用他人垫背的举动，以烘托正面角色不顾个人安危对人施以援手的英勇形象。此类剧情中，友爱互助成了极少数，自私自利、弱肉强食的丛林法则极快地被大部分社会成员自觉实施。所以在《泰坦尼克号》的情节中，有钱的绅士抢先占用了按非正式规定留给妇女儿童的救生艇；在《2012》里，上层社会的人家（包括宠物）才可得到船票，身强力壮无视规则的也有可能冒险潜入，但无权无势并且相信公权的科学家只好被海啸吞没；《行尸走肉》中各个小团体互相驱赶杀戮，连团体内部也常常对彼此心怀鬼胎；《三体》小说里提到的"宇宙社会学"更是假设各个文明全无互信，而只能在"黑暗丛林"中互相毁灭。

与"不理性"的恐慌行为类似，这种"夫妻本是同林鸟，大难临头各自飞"的想法也是假设某种社会运行的约束条件在非常时期完全崩溃。但这个迷思又走向了所谓过度"理性"的一端：极端个人主义、只顾短期利益、抛弃道德法律约束、切断社会纽带等。而事实上在一个正常运行的社会，哪怕其成员遭遇很大规模的灾难，原有的社会联结和制度也不会溃散，反而会得到增强。一个比较近的例子就是2017年的"哈维"飓风，在美国休斯敦地区停留过久造成远超预估的洪水，未及疏散的民众在脸书（Facebook）上发布求援和搜救信息，拿出自家的小船、皮艇、卡车帮助邻居或其他社区居民脱离洪水围困。此外，在中国国内灾后救援和重建的感人事迹更是层出不穷，从汶川地震到盐城风灾，无不见大家纷纷排队献血、捐款捐物、积极参与志愿救援等。这也是任何严肃的纪录片和学术作品中不会出现社会秩序崩溃这类情节的原因。

从根本上来说，社会失序的假设与恐慌一脉相承，都因为人们丧失了理性思考能力，这与那些迷思鼓吹的观点恰恰相反。20万年的人类发展史中，无数的交流、冲突、合作逐渐形成了各文化大同小异的社会规则，都包含对合作的鼓励和对不合作的惩罚。所以人们在任何情况下的互动中，都有强大的思维惯性去维持"和则两利"的关系；而现有的道德和法律规范也给每个社会成员提供了现成的、交易成本极低的"合同"来维护这种关系。擅自抛弃社会规则会面临极大的风险，包括丧失团体安全保护、受到物质和精神惩罚、独自面对灾害威胁等。因而真正理性的成员必然会继续遵守和强化公序良俗，甚至也会鼓励外来成员承认和加入同样的秩序和规则。

4.4.3 领导先走

1994年12月8日新疆克拉玛依市友谊馆的特大火灾，或许仍在一些读者脑海中浮现。除了高达 325 人（其中有 288 名为中小学生）的死亡数字，还有一句广为传播的"让领导先走"这句话不断被人们讨论和谴责，从而造成人们对公权力的信任程度的下降。当年的衮衮舆情虽不像如今各种媒体那样富于批判性——如最初消息来源仅有《中国青年报》一家媒体，且后续幸存者证言难以互相印证，案件调查也未证实这句话——但在对权威力量的批判上，汹涌的民意并未有太大区别。在美国 2005 年"卡特丽娜"飓风后的新奥尔良，四处流传着警察不去救灾而自己逃跑的谣言，仿佛一个巨大混乱的新奥尔良城被彻底抛弃，充满了洪水、哭号和杀戮。幸好得益于司法界、学术界和政界持续多年的调查和反思，人们总算认识到当地执法部门在最初一周的救援当中就已经精疲力竭难以为继，在高度的精神压力下有少数一线警员辞职甚至自杀。而这些压力也并非来自惧怕灾难，而多由混乱的协调、缺乏资源和计划等因素造成[24]。归根结底，造成新奥尔良城混乱局面的主要原因是，"9·11"恐怖袭击事件后新成立的国土安全部过于侧重防范袭击，而疏忽了联邦危机管理局的减灾和备灾职能，并非是底层官员贪生怕死擅离职守。

如同前一个"大难临头各自飞"的错误观念一样，"领导先走"式的迷思也先入为主地认定社会秩序会在灾害发生时崩溃，并进一步推论出，先前正式制度中被赋予权力的个体必然会滥用权力而罔顾他人性命——即便是自己本职所在。当然有权且无视道德底线的人肯定存在，新奥尔良城确实有警察偷偷溜走，克拉玛依火灾中也确实有成年人抢在学生前逃命，但任何人都会有自我实现和得到他人认可的需求，灾害则恰恰给了有权者④一个展现能力和证明价值的机会。所以每当灾害来临，尤其是远超当地灾害容量的情况下，一线救灾和协调人员常常出现过度兴奋的情况，需要由行政长官或正式规定强迫他们休息，以维持身心健康和应对效率；各级公共机构也时常出现全体雇员自荐或志愿救灾的情形。在前期有效规划、中期资源保障到位、后期提供积极反馈的情况下，几乎不会见到擅离职守的情况，反而更多见的是太多志愿者在本地"涌现"（Emergence）和从外地"汇入"（Convergence）带来的管理问题。

4.4.4 军事接管

大众对灾后混乱场面的"期待"想象里，自然也不会缺少公共部门（政府）的身影。作为管治对象的公民可能认为，手握权力的公职机构和人员有足够多的信息来厘清现状和制定政策；当然也有极端人群认为政府就是浪费资源和国家公器的无用机构。显然在对灾后社会的管理上，很多政府表现得并不像这两种极端的预期。这些与天、地、人斗争多年的官员们也时常认定灾后社会秩序会受损或崩溃，而自己作为手握重权的公民代表/父母官/管理者，理应坚决出击重拳戡乱，甚至提前派出暴力机构实施军事管制，以防范一切不稳定因素。这些强力部门的行动效率极高，基本都是长官一声令下，就会有士兵或准军事人员被派驻各大公私机构和主要交通节点，对各类"可疑"人员盘查收押，或者实施宵禁等限制行为的决定。这类行动的理由与前三类迷思大同小异，不外乎"制止恐慌行为""防止暴力犯罪""接管瘫痪的地方政府"等说法。

实施军管和宵禁最"合理"的事件是应对恐怖袭击，因为有明确的犯罪分子和可能存在的组织需要排查，此时限制人们的流动甚至是通信都看似最为直截了当。比如在2013年的波士顿马拉松爆炸案后，全城的公共交通系统短暂关闭以便于警察和联邦调查局搜捕疑犯。但在自然灾害应对期间，也时常看到（准）军事接管的情形。在美国的"卡特丽娜"飓风（2005年）后，联邦政府不但派出国民警卫队接管新奥尔良当地治安，也有大量有组织的雇佣兵携带攻击性武器出现在城中各处[25-27]。2017年"哈维"飓风后，休斯敦市也实施了逾两周（8月30日到9月15日）的宵禁，以应对"有报道的武装抢劫和假扮警察等问题"[28-29]。这些管制类措施或许可起到吓阻罪案的作用，但几无例外都会造成人心惶惶的效果，持续过久的管制也会因遭到市民抵制［如新奥尔良法国区（French Quarter）部分夜店违反施行数月的宵禁］而大打折扣。

公共部门，尤其是暴力机关对军事接管的痴迷有若干原因。其一是威权机构对民众本能的不信任。这类机构往往是韦伯式"理想的官僚机构"的拥趸，倚重严格纪律、正式文件、令行禁止、层级架构等制度和原则来维持"高效"的行动和管治。相比之下，一般市民看上去既无组织又无纪律，不仅各有各的想法，也不具备应对危急事件的专业能力和经验，在威权机构看来自然不可能担负起维护灾后秩序的重任。其二，早期的灾害风险应对和管理脱胎于两次世界大战时的国防和民防机构，因而在很多国家都有成建制的救灾部队和民兵组织。这类组织常常在行动中带有"非黑即白"和"非友即敌"的倾向，对任何不配合其行动的个体都持怀疑态度。最后，当前人类政治的男权倾向也可以解释各个政权对暴力手段的青睐，永恒的斗争与临时的妥协可谓是实现权力的基础之一。

第4章注释

① 此处未提及人造灾害因为人作为"危险"制造者已经参与制造灾害。
② 见于罗长海《企业形象原理》。
③ 参见Texas House Bill 942, https://capitol.texas.gov/BillLookup/Text.aspx?LegSess=84R&Bill=HB942。
④ 此处沿用弗伦奇（French）和雷文（Raven）提出的五种权力，包括救援人员的"专业能力"权力。

第4章参考文献

[1] PEACOCK W G, MAGHELAL P, LINDELL M K, et al. Hurricane Rita behavioral

survey final report[R]. College Station: Texas A & M University Hazard Reduction & Recovery Center, 2007: 9-10.

[2] KNABB R D, BROWN D P, RHOME J R. Tropical cyclone report, Hurricane Rita, 18-26 September 2005[R]. Miami: National Hurricane Center, 2006: 1-33.

[3] 爱历史. 唐山大地震拒绝所有国际援助　只为证明我们优越性[EB/OL]. 搜狐历史（2016-07-28）[2019-08-28]. http://www.sohu.com/a/107979922_105641.

[4] 包德甫. 唐山大地震之后, 中国为何拒绝接受国际援助[EB/OL]. 纽约时报中文网（2016-08-19）[2019-08-28]. https://cn.nytimes.com/china/20160819/china-quake-aftermath-1976/.

[5] KYODO. Japan sat on U.S. radiation maps showing immediate fallout from nuke crisis[EB/OL]. Japan Times（2012-06-19）[2019-08-28]. https://web.archive.org/web/20121101132531/http://www.japantimes.co.jp/text/nn20120619a1.html.

[6] YAMAGUCHI M. Japanese utility admits to "coverup" during Fukushima nuclear meltdown[EB/OL]. Business Journal（2016-06-21）[2019-08-28]. https://www.thestar.com/business/2016/06/21/japanese-utility-admits-to-coverup-during-fukushima-nuclear-meltdown.html.

[7] BAGGALEY K. How to survive a tsunami[EB/OL]. Popular Science（2017-06-27）[2019-08-28]. https://www.popsci.com/what-to-do-tsunami-survival.

[8] NOAA. Natural warnings[EB/OL].（2014-12-26）[2019-08-28]. https://oceanexplorer.noaa.gov/edu/learning/player/lesson09/l9la2_a.html.

[9] WILDAVSKY A, DAKE K. Theories of risk perception: who fears what and why[J]. Daedalus, 1990, 119（4）: 41-60.

[10] SORENSEN J H, SORENSEN B V. Community processes: warning and evacuation[R].[S. l.]: Handbooks of Sociology and Social Research, 2007: 183-199.

[11] FISCHHOFF B. Risk perception and communication unplugged: twenty years of process[J]. Risk analysis, 1995, 15（2）: 137-145.

[12] SHAPIRO J N, COHEN D K. Color bind: lessons from the failed homeland security advisory system[J]. International Security, 2007, 32（2）: 121-154.

[13] 李春晖. 网易解读354期: 自欺欺人的京沪高铁上座率[EB/OL]. 网易财经（2011-08-15）[2019-08-28]. http://money.163.com/11/0805/08/7AMA4DQB00254L4P.html.

[14] 张胜波, 邱妍, 肖红, 等. 铁道部称动车事故线路通车后上座率达117.6%[EB/OL]. 新浪新闻（原载于《南方日报》）（2011-07-28）[2019-08-28]. http://news.sina.com.cn/c/2011-07-28/093922892297.shtml.

[15] 刘宝强. 事故重击铁路板块　航空股因祸上涨[EB/OL]. 凤凰网财经（原载于《第一财经日报》）（2011-07-27）[2019-08-28]. http://finance.ifeng.com/stock/bk/20110727/4314950.shtml.

[16] 王培成, 翁仕友. 铁路投融变道[EB/OL]. 财经（2011-12-18）[2019-08-28]. http://misc.caijing.com.cn/chargeFullNews.jsp?id=111533372&time=2011-12-18&cl=106.

[17] ORTIZ E. Deadly west, texas, fertilizer plant explosion was "criminal act": feds[EB/

OL］. NBC News（2016-05-11）［2019-08-28］. https://www.nbcnews.com/.

[18] MORGAN M G, FISCHHOFF B, BOSTROM A, et al. Risk communication: a mental models approach［M］. New York: Cambridge University Press, 2002.

[19] HEIDE E A. Common misconceptions about disasters: panic, the disaster syndrome, and looting［M］//O'LEARY M. The first 72 hours: a community approach to disaster preparedness. Lincoln, Nebraska: Illniverse Publishing, 2004: 342.

[20] ADAMS W F. The station nightclub fire［EB/OL］. Firehouse（2010-10-27）［2019-08-28］. https://www.firehouse.com/.

[21] DURSO F J. Analyzing witness statements to create a new look at the station nightclub fire［EB/OL］. NFPA Journal（2011-01-01）［2019-08-28］. https://www.nfpa.org/.

[22] GROSSHANDLER W L, BRYNER N P, MADRZYKOWSKI D M, et al. Report of the technical investigation of the station nightclub fire（NIST NCSTAR 2）［R］. Volume 1. Gaithersburg: NIST, 2005.

[23] DURSO F J. Ten years after a fire killed 100 people at the station nightclub in Rhode Island, a survivor returns to the site to remember the fiancée and friends he lost, and recount how he became a champion of fire sprinklers［EB/OL］. NFPA Journal（2013-01-01）［2019-08-28］. https://www.nfpa.org/.

[24] TREASTER J B. Law officers, overwhelmed, are quitting the force［EB/OL］. New York Times（2005-09-04）［2019-08-28］. https://www.nytimes.com/.

[25] JAMIE W. Mercenaries guard homes of the rich in New Orleans［EB/OL］. The Guardian（2005-09-11）［2019-08-28］. https://www.theguardian.com/.

[26] RIDGEWAY J. The secret history of Hurricane Katrina［EB/OL］. Mother Jones（2009-08-28）［2019-08-28］. https://www.motherjones.com/.

[27] WITTE G. Private security contractors head to gulf［EB/OL］. Washington Post（2005-09-08）［2019-08-28］. http://www.washingtonpost.com/.

[28] OEM. Curfew lifted for the city of Houston［EB/OL］. Houston Emergency Operation Center（2017-09-15）［2019-08-28］.https://www.houstonemergency.org/curfew-partially-lifted-for-portions-of-houston/.

[29] Reuters. Houston imposes night curfew to prevent looting［EB/OL］. CNBC（2017-08-29）［2019-08-28］.https://www.cnbc.com/.

第 4 章图表来源

图 4-1 源自：LINDELL M K, PERRY R W, 2012. The protective action decision model: theoretical modifications and additional evidence［J］. Risk Analysis: an International Journal, 32（4）: 616-632.

图 4-2 源自：KASPERSON R E, RENN O, SLOVIC P, et al. The social amplification of risk: a conceptual framework［J］. Risk Analysis, 1988, 8（2）: 177-187.

图 4-3 至图 4-5 源自：http://www.zillow.com.

图 4-6 源自：NIST.

5 风险周期中的规划

翻译一个看似简单的学术名词，其推敲过程常常令人头疼，只因在不同语言中一些常用的词汇包含了太多意义，而这些意义又很难完全对应。要翻译"Planning"（规划，计划）这个英文单词就面临着这样一个问题。在英文中，至少是与风险相关的社会科学文献中，这个词会让人想到一系列的预先决定、行动安排、资源配置、职权划分、管理流程设计等行为。但在中文语境里，尤其是在中国大陆的政府管理和学术话语体系下，"规划"和"计划"有很大的差异：前者允许一定的协调性，后者暗示决策的强制性；前者似乎比较人性化，后者似乎充满教条；前者可以表现为韧性，而后者更偏向刚性。而在论及各类风险周期的英文文献里，Planning 的"规划"和"计划"含义常常交替出现。鉴于近年来西方学界也愈发看重风险决策的弹性和韧性［如近乎滥用的流行词"Resilience"（韧性）和"Improvisation"（即兴）在各学科的扩散］，本章暂且将 Planning 与"规划"对应，而仅在强制性的目标设定和安排中使用"计划"一词。

中文的"规划"一词常常出现在涉及空间布局的官方文件或法定文本中，像城市规划、区域规划、产业规划等。这些技术性的规划在风险管理中都可视为决策的一部分，因其均要收集背景信息，并为了达到预期目标或解决可能出现的问题提前作出安排。而在风险决策层面，决策者往往需要跳出技术规划的框架，统筹平衡各类群体和权力的诉求（如经济发展相对于环境保护），同时维持一个社会或政体的价值体系（如市场优先还是公平第一）。决策和规划的技术因素可能会因其"目标指向"的特征而向"精英政治"靠拢，或被诟病为忽视外行和普通民众，所以实际的规划中也会涉及各类程序和议程设置，以便保障"非精英"阶层的利益能够得到体现。因此，下文讨论的规划至少会有技术目标和正当程序两层含义。

5.1 政策周期中的规划

每一个政策，无论公共还是私有，都有规划的影子——对各类资源和行为作出安排，希望实施后可以达到初设目的。反过来说，每一个事务性规划也是一类细分政策，包括待解决的问题、涉及的人和组织、调动的资源、（大致的）行动计划，有时也包括执行后的评审方法。但如此定义则极易将二者混淆，尤其在面对各类风险时，若不同名词的含义内容无法明确区分，则会在信息交流和分配权责时造成混乱。因此，在分析面向风险的政策周期时，规划一词更适宜描述一个行政单元（如地方政府或大型企业）在政策周期中每个步骤的规划性议程，也就是对各类资源的统筹安排，而不宜包含比较抽象的问题设置和价值观讨论，以及过于具体的执行时间表等内容。比如在城市一级的减灾规划（Mitigation Planning）中，并不会在政治层面讨论是该花公帑来消灾还是任由大家各自为战，也不会给每一个消防队指明该在哪天动用哪辆消防车。减灾规划中应当涉及的多是灾害风险的认定、工程和社会脆弱性、参与预防和应对的组织与设施、满足哪些资源要求等。

在决策的主体方面，也并非是细致到个人、扩展至全体人类都适用于本章讨论。目前美国的风险决策实践中多以"社区"，即地方一级行政主体①为基本单元制定规划，同时也鼓励一定规模的企业编纂商业持续规划（Business Continuity Planning）。这一级的决策单元与居民或用户直接且频繁接触，可以了解人们的主要特征和诉求；地方/城市管理机构和大中型企业也有一定的资源可用来容纳或消弭风险后果。由于行政主体需代表辖区居民或客户/股东利益，即便是私有机构，当达到一定规模时，它们的行为也会有相当强的外部性，所以各类主体的决策都带有很大程度的公共性，在风险规划中就会体现出三种主要力量的博弈：市场、政治和专家[1]。

5.1.1 市场风险与规划

无论采取的是怎样的国体、政体和社会意识形态，各国决策机构都无法在彻底无视基本的市场规律的同时成功分析和规避市场风险，市场作为风险决策的基准之一，也是人类社会逾百年的试错后的共识。一旦需要调动资源来提供产品或服务，市场原则首先会体现在资源的稀缺性和供求关系的动态平衡上。与此同时，决策者对市场概念的理解也影响到一个市场自动优化资源调配的程度。当市场本身得到适当的维护时，各类资源和产品（包括服务）可以通过交换在各个行为主体间得到优化配置。比如在一个经济紧密相连的都会区，各个城市能利用自身的优势（地理特征、人口结构、交通情况等）来与其他城市在一个或数个产业中形成互补，彼此既有合作，又有一定的竞争，最终可以将有限资源尽可能地最优配置，从而为社会中的各个成员带来更高的福利。例如一个区域性大学与周边城镇和社区的良性互动，可在教育和人才这个市场中形成类似的资源优化关系：大学城可以在配套相对简单的地区集中教育和科研人力资源，向周边地区提供优质的技术和行政专才；临近地区则布局商业和产业用地，并以产业和发展建设提高整个区域的经济水平，来吸引更多的学生和教育人员落户。

理论上理想的市场在现实中总是蕴含着很多风险，其根源是市场自身的局限性。举例来说，各个地方行政主体（如市镇政府）对潜在纳税人这一资源皆是"青睐有加"，而现有居民也常会利用政治影响力（如选票或媒体）来促使行政主体扩大公共支出[2]。这类竞争税基的行为有可能在相邻的行政区之间造成重复建设，浪费土地资源或其他共有资源（Common-Pool Resources，CPR），以及供过于求的风险。美国很多城市发展到一定规模时，都会提案或建设会展中心和体育场馆等设施，只可惜这些"形象工程"最终大多会长期闲置或负债经营。市场主体对交易决策中成本和收益的计算也时常过于机械，都以可能收益、成本与概率相乘得出预期，当收益预期高于成本预期时则会给某个政策（交易）大开绿灯[②]。这个问题在所谓的"低风险高影响"事件决策中尤为突出，例如核电站堆芯熔毁的发生概率非常接近于零，尽管一旦其发生造成的损失可能高达千亿或万亿元级别[③]，但两者相乘的结果仍然可能低到无法引起决策者担忧的程度。另一方面，假如决策主体打算在各类规划中列入对此风险的防范，则每年投入的安全成本会上升许多。在没有足够数据支持的情况下，一个充分竞争的市场很难鼓励对这类避险行为的先期投入。

在充分认识依托市场的决策有何利弊后，成熟的规划则可以有效地管控市场风险。针对上文所述的问题，我们可以将市场风险规划的目的分为两类，即维护、鼓励市场的正常和良性运转，以及限制过度竞争和短视行为。而这两类目的也暗含了一条准则，即优先考虑社会总体利益。在美国中西部广袤的乡村地区，缺乏资金的地方政府有时会鼓励其执法和消防两个应急部门互相竞争甚至自负盈亏，最终虽然政府可能在财政上达到平衡，但警察局可能会摊派罚款任务造成腐败，消防队或完全依靠义务消防员和陈旧的设备，也会出现两个部门为了抢功劳彼此内耗的政治问题，最终受损的是整个城镇的应急服务水平。面对这类问题，地方行政部门可以事先界定适用市场原则的范围，比如通过市议会立法禁止罚款配额和规定职业消防员比例（如我国台湾地区规定每个义务消防员需对应一名职业消防员），提供场地和协调人员以促进两部门的资源和信息交换，再对某些不影响总体应急水平的服务（如开锁、救猫、活动安保等）按例收费或部分私有化，并制定合理的竞争目标（如参与培训并通过考核），而非依靠简单粗暴的"自负盈亏"来维护社区总体利益。

由此可见，规划的作用突出体现在市场成立之前或初期，即整个市场制度的确立中。此时的规划需预先考虑到某类公共产品市场失效的风险，探明造成这些风险的原因，优先保障涉及低风险高影响事件（如巨灾）和社会长远利益的产品供给等。这些"保障性规划"实则给某一类产品或资源在面对市场不良冲击时设立缓冲，比如定义洪水区来抬高保费可以减少在危险地区的房产开发和保障泄洪空间，又如划出渔猎区红线和狩猎季节以避免人类活动对生态系统造成破坏。另一方面，市场制度规划也可以用来降低交换不充分的风险。以得克萨斯西北边界附近的阿马里洛为例，该市在发展较为落后（地价较低）的社区划出一片区域，每年提供少量的管理服务来举办"三州集市"（Tri-State Fair，即相邻的俄克拉荷马、新墨西哥、得克萨斯三个州的商户与居民）和区域备灾演练，充分鼓励了临近区域内城镇和乡村的贸易往来和公共服务资源共享，也为阿马里洛的财政收入和城市形象带来了很积极的影响。

5.1.2 政治影响与规划

在政策周期中，也有很多市场风险由政治制度来规避或制衡，这些制度性力量常常不受规划控制，而是风险规划的重要先决条件。前面提到的决策基准之一——市场制度有时难以管控道德风险，例如脸书（Facebook）虽然提供了准公共的信息交流平台，但在2018年的"剑桥分析事件"中，平台资源占有者对个人用户隐私信息的侵犯和出卖，仍需要政治权力（国会）介入对其批判才得到遏制。另一方面，假如利用正式制度来无条件地保护私有信息，又不利于打破信息垄断和有效监督权力，如面对突发事件时一些机构饱受诟病的隐瞒消息、黑箱决策、反应滞后等问题。此外，即使是较为成熟稳定的市场也会有周期性的波动，虽然在经济学家眼中会被视为正常的资源重新分配过程，但从社会福利角度来看任何波动都可能会造成大量的损失，并进而影响到政治权力的基础甚至是其正当性。在供给方面，对风险的规避也会恶化公共产品和服务的数量和质量，如过分倚重辅警和罚款配额以降低行政成本，则会降低社区的公共安全水平或损害市民和政府的互信。

政治制度或权力运作在解决市场决策的风险时，往往以议程设置和价值观输入等方面为表现形式。比如在美国，涉及风险的决策中，利益相关人会依据其政治权力在议席中排定（抽象的）座次，而他们的诉求也会被列出相应的优先级别。例如在安全服务市场中，依托财产权利的个体可以负担私人安保费用，被赋予公共权力的首脑和官员也会得到优先保护。与此同时，整个社会又持有"公平"和"公正"的价值观，则公民代表也会通过正当程序或者非正式规则来督促行政机构提供足够的公共安全服务。而社会对公众参与或者民主等价值的理解，也决定了谁会被定义为"利益相关人"或风险决策代表。

规划在政治对市场的平衡过程中更多充当的是执行者的角色，比如在具体的资源安排中需要体现各方博弈之后哪类风险得到更多重视，哪类资源优先分配以及哪些群体优先得到资源等。以得克萨斯中北部的天然气开发为例，在2002到2012年间批准的185个天然气井中，如果所在社区有专项的区划或者地方法规，且未授予开发商免除听证会的特权，则该社区的天然气井周边的红线距离（缓冲区）要比其他社区高15%～20%，直接证实了政治博弈的结果对风险规划的影响，也证明了风险规划就是政治权力的指挥工具[3]。

在风险规划中，有经验的读者可以从文本里读出政治对各种显规则和潜规则的平衡——维持价值观的制度安排作为正式的"显性"规则，可能由于各种原因无法面面俱到；对于某项具体风险决策，人们时常需要根据约定俗成的"潜在"规则来解决冲突和市场失效等问题。每年得克萨斯州的国土安全项目（State Homeland Security Programs，SHSP）拨款都可以作为一个很有价值的案例来分析州内各个区域的政治权力动态。在州政府的国土安全基金部（Homeland Security Grant Division，HSGD）网站上列出了若干条拨款原则④，包括财政负担、透明度、影响力等以协助各区域提交合适的申请（即风险支出规划）。但每一年最终的拨款公式却并非死板地按照这几条原则而加改变，相反，具体的打分指标会受到各个区域游说能力的极大影响，又由于代议制的天然结构，最终话语权往往掌握在人口增长最快的几大都市区（达拉斯、奥斯汀、休斯敦）——除非其他地区遭遇罕见灾害并暴露出财政方面的短板。从专业的风险和灾害规划角度来看，如此分配也不能说没有道理，除了人口带来选票以及地理便利性和利益团体数量等政治因素，高密度的大都会的确安全风险更高，灾害带来的影响也更大。但由此带来的一个后果就是，年年遭受拨款下降损失的乡村区域，除了派出代表，根据正式原则在州议会据理力争外，只得和都会区代表在非正式场合达成交易，如交换不同议题的选票⑤来保障最为关键的一些拨款项目。

5.1.3 专家视角：协调与冲突

在规划人员或从事一般公共事务的专业人员看来，风险政策过程中的市场机制和政治动态，都不可能百分百地达到公共利益最大化的目标。诚然，由于对各类资源和利益的精准测量在现实中几乎不存在，因而所谓的"最优解"也只能存在于抽象概念中。但从规划角度对风险决策作出优化仍然是可以完成的任务。在权力的类别中，规划和政策专家所拥有的是"专业性、指导性、信息性"三类影响决策的能力[4]，可以对决策过程中的市场风险和政治偏见予以一定的弥补。专家们可以利用这些权力，在决策初期尝试影响议程设置以协助确定决策参与者，在提出政策问题和解决方案时平衡市场效率和政治价值，在执行规划中留出应对或包容各类风险的缓冲等。

风险决策的外部性也为政策专家们提供了施展拳脚的机会。即便在一个制度成熟的市场中，"交易"参与者的风险决策也常常会影响到本来无权表达意见的群体，例如土地开发商与政府的交易决策会对目标地块的流动人口带来极大影响，但很难见到土地开发过程中会有流动人口代表参与决策的机会。很多国家的地方政府对衰败地段的开发或复兴都形成了比较完善的制度，包括依托市场交换来给开发商提供土地资源，给当地居民提供就业机会，给地方政府带来税收，以进行经济结构升级等。但被各类政策或经济原因（居住年限、户口或移民身份、住宅所有权等）定义的流动人口则可能被当作需要清理的对象，享受不到这一系列市场交换的利益，他们的工作和社会特征（如超长的工作时间、较低的学历、缺乏正式的组织）又使其难以参与到费时费钱的政治议程当中。从长远来看，保障他们分一杯羹的权利会给整个社会带来很大利益，如减少不稳定因素、为长期居民提供生活服务、通过接受教育和培训为社会提供新生生产力等。为这类弱势群体发声的责任理当落到决策专家的肩上，包括为决策者提供实证分析，在选址和专项规划中体现不同群体诉求，以及在执行过程中提供交流平台等。同时，有权参与风险规划的专家们也有相应的公共义务，如坚持维护社会利益的道德原则，加强自身专业素养，脚踏实地理解社会结构和需求，同时不被短期利益蒙蔽等。这类协调性的工作除了管理才干外，也需要很强的技巧性（Craftsmanship）和工艺性（Artisanship）。

5.2 危机管理周期中的规划

区别于政策周期对社会利益的强调，"危机管理"（Emergency Management）周期中的规划多以"最坏可能场景"（Worst-Case Scenario）和"最佳实践"（Best Practice）为基准制定目标。如此设定下，风险规划对市场性的资源分配和政治性的价值平衡则较少着墨，而偏重提升社区的抗性和韧性，扩展灾害容量，同时降低社区各组分的脆弱性。危机管理生命周期中有四大阶段（Phases）：（防）减灾（Mitigation）、备灾（Preparedness）、救灾（Response）、恢复（Recovery）⑥。各个阶段的最终目的不同，但规划以各种形式贯穿始终，例如资源配置、空间分布、通信网络、行动步骤、权责定位等。由于危机事件巨大的不确定性，即风险难以量化测定，规划的重要性在近年的实践和理论分析中愈发被强调，甚至可以说危机管理周期中的规划直接影响一个社区的灾害韧性[5-6]。

5.2.1 防灾与减灾规划

相对于另外三个阶段，防减灾的目标暗含一大假设：人类有可能通过采取某些措施来避免或消减灾害的破坏性影响，即可能使"灾"（Hazards）不变成"害"（Disasters）。所以这一阶段中的规划也力图通过各种方式把灾害影响拦截在人类社区之外，从加固建筑到完善海防，从强化气象监测到排查地质风险，从促进安全生产到合理安排用地……不同于决策周期中的风险规划，与防减灾相关的规划往往以法定文本或规范的形式出现。美国国土安全部要求地方政府在申请联邦减灾基金时，必须有一份通过当地立法机构审核的减灾规划，长度从几十页到上千页不等，需涵盖风险评估、灾害容量描述、脆弱性分析以及对应的改善方法等。在个人和家庭层面，则以各种保险形式来半鼓励半强迫地减少可能的灾损，如规定百年洪水区（100-Year Flood Plain）内建房或购房的居民需购买洪水险，否则不得贷款或领取产权证等。

美国地方政府的防减灾规划属于政务公开内容，一些比较大或有能力维护政府网站的城市会把规划文本放在官网上开放下载，以供各个行政部门和私人风险管理机构参考。倘若在必应或谷歌等搜索引擎中键入"Dallas Mitigation Planning"（达拉斯减灾规划），则很容易找到指向达拉斯郡减灾规划的链接。没有提供网络下载的自治市或郡也允许个人或机构到指定地点填写申请表，并支付一定工本费来领取规划文本。达拉斯郡的减灾规划即属于比较复杂的法定文件，其2015年的版本一共有1 694页，其中前233页是整个郡的规划，而后面1 000多页是郡内各自治市和直属定居点（Unincorporated Areas）的具体规划和评估。全郡的总体减灾规划部分分为八个章节，包括背景介绍、规划目的和机构、全郡概况、规划过程、风险和灾害评估、减灾战略、行动项目、规划维护等。各市镇的具体规划则包含基本信息、规划过程、风险调查数据、公众审核、灾害容量评估、执行机构、危机应对中心（EOC）组织结构、细分容量评估（如规章、行政、财政、教育、环境、公共安全、洪水等）、具体灾害风险级别、脆弱性、各类标准化评估表格和地图等。

防减灾规划因其复杂性和长度很容易变成所谓"幻想文档"（Fantasy Documents），即冗长、空洞、不切实际、没人爱读的官样文章。有不少地方政府把联邦减灾基金当作"免费资助"而不是提高灾害韧性和容量的工具，因而对基金的规划要求也只是应付差事。笔者每年会让各地新生找到当地的减灾规划并作出批判性分析，结果常常能发现有些规划照搬附近其他地区的文本，甚至还有连地名都忘记修改的案例。可想而知这类"幻想规划"的实际减灾效果会怎样。此外，制定规划不是一件容易的事，需要多人、多机构花时间花钱收集数据和编写，地方行政机构也需要有合适的法定程序来配合。大约在2012年到2013年间，笔者所带的一个本科毕业生拿到中北得克萨斯地区一个小镇的实习机会，该镇的城市经理（City Manager）向其表示假如他能在一年内为当地编写一个减灾规划，则他们会考虑雇用他为首任危机经理（Emergency Manager）。不难想象当时这名实习生承担了多少精神压力，也可以猜到他最终没有完成这项任务——即便他当时跑遍了所有本专业教师的办公室和附近城镇的管理机构。而即使在那些有资源制订规划并有能力完成减灾规划的行政区，编纂规划的时间和其他成本也依然高企——如果市民想要看到若干评估表格中某个核心能力单项由"不达标"变为"达标"，也常常需要等待数年时间；这期间甚至还可能有其他单项因为政治经济环境变化从"达标"降为"不达标"。当然，联邦和州政府依据防减灾规划拨付的资金也会因此产生变动，或降低或优化当地的减灾水平。

5.2.2 备灾规划

在备灾阶段,各类行动的目标已不再是避免灾害发生,而是在假设某个风险事件必然造成损害的基础上尽可能降低灾情影响和提高应对效率。备灾规划部分依托于防减灾规划,亦是灾害应对行动和规划的最直接指导。但目前的危机管理实践中并无标准化的备灾规划内容和评估原则,而是依靠各地危机管理人员的专业素养以及他们对当地灾害和资源的了解程度来确定规划细节。这些备灾规划之间虽然有很大差异,但不同地区在某一层面(如家庭、组织、社区等)的备灾仍有一定共性,各国的主管行政机构和学术群体也在推动各类标准化的规划内容。美国国土安全部推行的"事件管理系统"[IMS,又名"事件命令系统"(ICS)]就是其中一例(图5-1)。在备灾规划中,这个系统或组织结构可以为预先安排资源和部门设置提供非常有价值的参考,其适用范围小至数人的行动小组,大至一个州的危机管理相关部门,也能容纳政府部门、非营利机构、私有机构等多类主体。在"国家事件管理系统"(NIMS)的框架中,备灾规划的内容可以从设立组织架构开始,评估每项功能的现状,统合所涉及部门的行动和通信标准,再为各级参与人员设计对应的培训和评价体系等。这个系统最早可以追溯到20世纪70年代南加利福尼亚的森林防火系统(Firefighting Resources of Southern California Organized for Potential Emergencies,FiReSCOPE)和联邦危机管理局于20世纪80—90年代在全国范围的推广,但最大的助力则是一个"关注性事件"——2001年的"9·11"恐怖袭击。当时各地参与应对的执法和火警部门由于协调不足造成很大损失甚至是部门间冲突,使得社会各界充分意识到缺乏统一协调和预先规划的危害[7]。

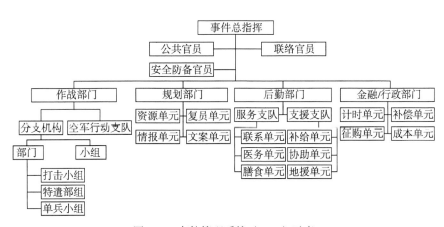

图5-1 事件管理系统(IMS)示意

备灾规划的一些内容也可能与防减灾规划结合以便于整合资源和节省成本。比如规划建立和维护通信系统和关键基础设施(Critical

Infrastructure）可以有效提升灾害应对效率，但同时这些系统又需要挺过灾害袭击而不被破坏。例如，西北得克萨斯的"狭长地带（Panhandle）地区区域信息系统"（PARIS）的布局和建设规划明显符合"假设灾害会发生"的条件，属于备灾规划的一部分[⑧]，但其建立和维护的成本都是在区域防减灾规划中列出的，并（部分）由州和联邦的减灾资金支付。与此类似的还有社会组织，私营机构，甚至包括家庭的备灾规划。因为节省成本是促进备灾很重要的因素，所以危机管理机构也多会鼓励这些组织将各阶段的风险规划整合至所谓的"商业／运营持续性规划"（Business/Operation Continuity Planning）中。这些持续性规划的内容包括风险评估、核心功能列表、资源和容量估算、灾害应对人员组织、备用地点和数据、灾后恢复过程等等[⑨]。各类危机管理或疾病管控机构也会推荐每个家庭准备好灾后行动计划、逃生工具和急救包、三天的饮水和食物、保险信息、紧急医疗救助联系方式等。

值得一提的是备灾阶段的规划和实践中存在很多理念争论，不仅有学者和实践人员的观点差异，也有不同行业在救灾过程中总结的经验差异。譬如中国国内有很多机构的备灾方针源于安全生产的经验，但在涉及大量非专业人员（群众）的社区规划中难以顾及风险交流的问题。而美国的地方执法部门在事件管理系统普及前也常因"保护现场"还是"抢险救人"与消防或急救人员发生冲突，只因各部门日常培训的指导性规划不同。而负责理论建设的学术专家们也常常陷在自己的圈子里自说自话，很多抽象原则也难以直接应用；另外一边，有多年一线工作经验的危机管理人员也常常不屑于接受学术理论的批判和反思。这些问题恐怕在很大程度上造成了统一备灾规划原则的难产。但以 IMS 的发展和应用为参考，随着风险规划和危机管理行业的发展以及各行各业的参与讨论（而不是互相责难），形成完善的理论—实践体系并非无法实现。

5.2.3 应对规划

应对阶段是整个危机管理周期中最受关注的一步，参与灾后应对的一线人员也常常被给予英雄或明星般的待遇，因为灾害发生后会有大量的搜救抢险和组织工作需要在极短时间内完成，而且整个社会的目光都会被这一突发事件吸引，各类表现和失误也会通过繁多的信息渠道被放大或扭曲。在媒体和居民吹毛求疵般的审视下，参与灾后应对的各方组织或个人似乎没有什么时间和机会来不紧不慢地收集信息和制定万全的规划，很多批判性讨论也都会把救灾中暴露的缺陷归因于减灾和备灾规划的不足。诚然，灾前各类规划和准备工作的欠缺都可能会在灾后应对中带来很严重的后果，像是舆论反思和调查常常可以从灾前的蛛丝马迹中找到灾害的起因，但这些看似微小的缺陷很多情况下是疏于管理、规划执行不力等长期因素的积累。

然而，参与过危机管理各阶段工作的实践人员恐怕会认为上述论断过于简化，毕竟每个灾害都有其特殊性，再全面的减灾和备灾规划也不可能面面俱到，而灾害应对的目的也并非与备灾完全相同。在备灾规划中，各类损失都需要尽量降低，但在应对中时常需要救灾人员和幸存者作出抉择（如"保命要紧"）；规划完善的避难所在灾后可能会遇到很特殊的需求（如爬行类宠物），也会因为灾害地点和强度的不同出现部分避难设施过度拥挤，同时其他避难所没人使用的问题。灾后的行动会包括人员搜救、各类疏散、避难场所管理、物流和资源调度、志愿者管理、残骸和废弃物管理、工程抢险、恢复基本生产生活等等内容，而在这些任务的执行过程中几乎时刻都会出现出乎预料的情况。因而实践中有至少两类相互衔接的应对性规划力求解决这些突发问题：全规模演练（Full-Scale Exercise）和基于事件管理系统（IMS）的即时规划（Spontaneous Planning）。其中全规模演练可以看作真实灾害的应对模拟，而即时规划是管理应对行动的基本功之一。

一个全规模演练一般针对一个主要的灾害和与之相关的次生灾害，其过程需要几乎所有受到灾害影响的相关人员或其代表参与。举例来说，假设在畜牧业集中的地区有口蹄疫爆发，则公共部门需要地方政府几乎所有部门（含基础设施、警察、消防等）参与应对，临近地区的郡和市也会收到"互助"（Mutual Aid）申请而赶来救灾，州政府的危机管理机构和当地的派出机构也会出动；若规模较大或疫情扩展太快，联邦政府也会有专员派驻甚至介入领导。演练中参与的私人机构则包括暴发疫情的农场和临近农场，银行和保险机构等利益相关人以及负责协调和管理市场的商会组织等。演练组织方会设立一个"政策室"，不定时发布各类意料之外但情理之中的突发事件，比如农场主瞒报疫情、车辆违法冲关、风向和降雨变化、谣言在社交媒体扩散等。在整个演练过程中，各个行为主体的决策都会被记录在案，有任何失误或可改进之处也会被总结在最后的报告文本中，而这个文本则会成为每个参与机构的灾害应对规划或者依据。

在灾后的应对实践中，即时规划可以看作是对前述几乎所有规划的承接和补充[7]。防减灾规划会定义灾后应对的资源和目的，备灾规划和各类演练形成的规划为实际应对提供了参照，而即时规划则需要在 IMS（或其他类似的管理系统）的框架指导下，根据实际的资源和信息，为了达到减少损失的目的对行动作出最终部署。阿波罗13号的营救行动中就可以看到地面指挥过程里一系列即时规划的影子，包括启用登月舱作为救生艇、利用月球引力返航、使用登月舱的降落火箭校准轨道等，而最为人们熟知的则是为登月舱制作二氧化碳过滤接口的"即兴创作"（Improvisation），利用登月舱里的有限工具和材料拼接起不同接口的过滤器，最终保障了无比珍贵的氧气供应[8]。这些应对行动有部分包含在之前的培训和规划里（如使用登月舱作为救生船），但很多则是依靠应对人员的专业背景、团队分工协作、良好的组织文化带来的高效即时规划才能实现。不过即时规划尚未有被学界和业界广为接受的理论框架，有待更多的经验总结和理论探讨。

5.2.4　复原规划

灾后复原阶段的规划有很大一部分由物质空间规划组成，相关的理论和实践著作已经相当普遍，在这里我们重点讨论行动和资源规划方面的问题。这一阶段假设灾害的直接和负面影响已经结束，规划的目标就是要快速和高质量地恢复生产生活。与此同时，受到灾害影响的社区也应吸取教训，力求避免同类灾害或降低灾害再次发生的可能。这一时期既是幸存者奋力重建的过程，也是决策者对灾害成因和应对的反思阶段。在一个风险政策周期中，此时灾害带来的舆论热度仍未消退，专业人员若抓住这一稍纵即逝的"政策窗口"，就有机会大幅推动相关的制度变革和资源配置。例如2016年江苏盐城龙卷风后，当地规划部门加班加点在数周内制定出受灾村镇的重建规划，立即得到各级政府和社区的全力支持，包括资金、设备、人员等各类资源迅速到位，短短一年内所有房屋重建基本完成，可以说是充分利用了全社会群情激昂、上下一心的天时与人和。又如2017年美国"哈维"飓风后，洪灾中心的加尔维斯敦郡危机应对中心（Emergency Operation Center，EOC）的访客络绎不绝，该EOC利用此机会将其备灾和应对的宝贵经验推广到全国各地，如合并EOC与国家气象服务（National Weather Services）办公地点以获得即时天气更新，以及参与风暴准备（Storm Ready）项目作好风灾应对准备等。

由此可见，复原规划除了基本的重建安置外，还有一定潜力来帮助提升社区的灾害韧性。空间、建设类规划有助于提升基础设施和建筑物的抗性或刚性，产业复原规划有利于整合市场和政治资源或改善经济结构，行政机构改组和流程改革可以激活更多社会资源来提高灾害容量，同时各类政党和社会组织的规划也能向家庭与个人提供风险相关的帮助和普及灾害教育。而在复原规划的实施中，达到提高灾害容量和韧性等目仍有很多挑战。对于个人而言，包括参与救灾的专业人士和决策人员，心理创伤的恢复是个漫长的过程，且一直需要专业医师指导；在家庭层面，风险交流可谓增强居民风险意识的重要手段，但其时间和人工成本极高，也需要有相当成熟的市民组织和社区领袖参与；在社区或地方行政区层面，如何将工程类的建设规划与当地社会经济的恢复结合仍然大有可为；而在省域乃至国家层面，如何将政策窗口中对地方的资源支持转化为当地的灾害韧性或容量，也是一个很新却很重要的课题——未来面对灾害时，终究是地方的决策机构直接面对灾害损失和社会需求，追求全国性的动员并非可持续的解决方案。

第5章注释

① 包括郡（County）、市（City）、镇（Township）、特别区（Special District）等。这些行政单元并无明显层级高低差异，但自治权力有很大区别。

② 实际的项目可行性研究也会包括不确定性分析、环境和资源承载力分析等内容，但核心标准仍是货币化的成本—收益分析。

③ 参照2011年福岛第一核电站事故（又名"3·11"事故）。详见MCCURRY J. Possible nuclear fuel find raises hopes of Fukushima plant breakthrough[EB/OL]. The Guardian（2017-01-30）[2019-08-28].https://www.theguardian.com。

④ 参见 https://gov.texas.gov/organization/hsgd。

⑤ 又称"滚木"（Logrolling）。

⑥ 一些机构将防灾（Prevention）作为单独阶段列出，如得克萨斯的贝尔（Bexar）郡和密苏里的圣路易斯市。此外FEMA将危机管理的32个核心能力（Core Capabilities）分为五个"任务区"（Mission Areas）——防止（Prevention）、保护（Protection）、消减（Mitigation）、应对（Response）、恢复（Recovery），易与危机管理周期的四个阶段混淆。

⑦ 参见 http://www.emsics.com/history-of-ics/。

⑧ 参见 https://prod.i-info.com/dashboard/Layout/BC8EBF6FA19942039B58172E853023B1/about/aboutPublic/~paris_about.htm。

⑨ 参见 https://www.fema.gov/policy-plans-evaluations 和 http://flevy.com/blog/business-continuity-planning/。

第5章参考文献

[1] MUNGER M C. Analyzing policy: choices, conflicts, and practices[M]. New York: W.W. Norton, 2000: 48-50.

[2] FISCHEL W A. The homevoter hypothesis[M]. Cambridge, MA: Harvard University Press, 2009.

[3] LONG L C. Drilling down natural gas well permitting policy: examining the effects of institutional arrangements on citizen participation and policy outcomes[EB/OL].（2013-05-12）[2019-08-28]. https://digital.library.unt.edu/ark:/67531/metadc500172/.

[4] RAVEN B H. A power interaction model on interpersonal influence: French and Raven thirty years later[J]. Journal of Social Behavior and Personality, 1992, 7(2): 217-244.

[5] MANYENA B, O'BRIEN G, O'KEEFE P, et al. Disaster resilience: a bounce back or bounce forward ability[J]. Local Environment: the International Journal of Justice and Sustainability, 2011, 16(5): 417-424.

[6] CUTTER S L, BURTON C G, EMRICH C T. Disaster resilience indicators for benchmarking baseline conditions[J]. Journal of Homeland Security and Emergency Management, 2010, 7(1): 1271-1283.

［7］MCENTIRE D A, KELLY J, KENDRA J M, et al. Spontaneous planning after the San Bruno gas pipeline explosion: a case study of anticipation and improvisation during response and recovery operations［J］. Journal of Homeland Security and Emergency Management, 2013, 10（1）: 161-185.

［8］NASA. Apollo imagery［EB/OL］.（1970-04-11）［2019-08-28］. https://spaceflight.nasa.gov/gallery/images/apollo/apollo13/html/as13-62-8929.html.

第 5 章图表来源

图 5-1 源自: WordPress.com.

6 城市化地区的自然风险

6.1 地震灾害

当地球内部的能量大于岩层所能承受的能力时，所发生的错动会释放出能量而产生地震波（Seismic Waves），传到地表后产生地震。它是可以从人们的知觉或经由仪器去做感测的自然现象。从造成地震的原因来看，可以分成自然地震与人工地震（如核爆）两类。自然地震多以板块运动所产生的构造型地震为主，也包括火山地震、冲击性地震（如陨石性地震）等非构造型地震现象。强烈地震所带来的威力可能造成剧烈的破坏，进而引起灾害性地质现象，包括以下六点：

地形变动：当地震发生时，可能因为震动而导致表层的土壤快速滑动，若地震烈度更强，也可能造成块状石头的滑落，而产生山崩的情况。

断层：当地震发生时，断层上的地形因震动所释放的能量而产生裂痕，而在断层带上的建筑物与道路在受到压力后，均会经由裂痕而被断层分开。

土壤液化：当强震发生时，因巨大的摇晃程度而造成土壤深层的水分被推挤至表层，而产生土壤液化之现象。当土壤液化后，容易产生地层下陷而使得房屋倾斜或管线破裂等。

地面振动：当地震波经由地球内部的传递而产生地面振动时，可以经由妥善的建设规划减少地面振动对建筑物造成的破坏。但若是发生剧烈的强震，也可能将摧毁那些被评估为最稳固的建筑物。

火灾：地震发生时，强烈的摇晃可能使得火炉与瓦斯炉造成位移。而火灾发生的原因可能来自瓦斯管的破裂而使得电线着火，在需要灭火的同时，也可能因为地面振动的强度而导致水管断裂，让救火行动没办法顺利进行。

海啸：若是在海底发生地震，强烈的震动会使得在海下的地面因为受到碰撞，而产生海啸。而海啸带来的波浪高度会因为海底地形与海岸的影响而有所不同，当海啸靠近岸边时，可能造成沿海地带被淹没或是损坏，也可能夺取许多生命与造成严重财产损失。

6.1.1 特征

地震突发情况相当不确定，目前并无法通过科技事先进行非常精准的预测。短时间的强烈震动就可以造成严重的灾情影响，不但会影响国家或地区的经济正常运行能力，而且还会造成人民心理上的恐惧及创伤。在搜救的过程中，建筑物因崩塌而变形往往会使得专业救灾人员在执行任务上面临重重困难。以唐山大地震为例，其影响范围甚广，当年造成24万多人不幸丧生，为世界史上伤亡最严重的地震。突发性的强震由于震动过强，可能会导致山区落石、土石流、道路崩塌而影响通行，沿岸地区也可能因为地震产生之海啸而发生严重的伤亡损失[1]。

地震灾害造成建筑物损坏、农作物损失、人员伤亡与国家经济损失，在过去十几年都有逐渐上升的迹象。例如：2011年日本地震并引发海啸倒灌，不仅建筑物倒塌、道路断裂变形而无法通行，海水与碎石瓦砾也严重影响救灾人员进行搜救，进而造成人员伤亡数量增加[2]。此外，如果民众无防灾相关知识与准备，在地震发生时很容易因为混乱而使自身陷入危险。同时，城市化地区人口房屋集聚程度、建筑物的老旧程度与构造等，都是主要的灾害风险因素。

大规模的强震使得震中或邻近地区产生火灾、水灾等灾害，进而造成人员伤亡及财物上的损失，称为二次灾害；救灾设备的不完全、建筑物倒塌而造成救灾人员的搜救不便、民众的防灾知识不够完善，而影响到救灾进度，或是因为二次灾害所造成后续接连的影响，称为三次灾害[3]。从以往的地震灾害可以看到，二次灾害通常对人口集中的都会区造成较大的影响，如：1923年的日本关东大地震，由于管线在地震时被破坏而产生严重的火灾，东京在距离震中100千米处也受到影响。

6.1.2 案例

1）汶川大地震

汶川大地震也称为四川大地震，为发生于2008年的大规模强震，规模达7.9兆瓦，且受到此大规模强震影响之地区，北、东、西远至辽宁、上海、巴基斯坦，南边从香港至越南在地震发生时均有感，受到影响的地区远超10万平方千米。

汶川大地震为继唐山大地震后，人员失踪与伤亡最多的强震。大规模的地震常常会造成严重的国家经济损失，在2008年的汶川大地震中，地震发生波及的周边地区的交通、住所、环境生态等遭到损坏，不仅军方与民间救灾人士前往救援，各国的专业救灾人员也一同前往灾区协助。地震结束后，中央政府希望可以利用3年的时间完成灾后重建，全球民众也相继捐款帮助重建工作与受灾户的物资提供，捐款金额高达500亿元人民币，最后在2012年四川省省长蒋巨峰任期内重建完成。以"一省帮一县"

方式的重建虽然没有在原定的2010年完成，但在4年内达到了计划目标。

汶川大地震的发生，让四川、甘肃、陕西三个省中有高达51个地区成为灾区，国务院也公布了汶川大地震对中国所造成的巨大经济损失，包含建筑物（学校、医院等）、道路、桥梁等，其中四川地区在损失金额中占比最高（91.3%），其次为甘肃（5.8%），再次为陕西（2.9%）。汶川大地震后，由中国民政部统计有69 227人遇难，374 643人受伤，17 824人失踪。其中以四川地区所占的遇难人数最多，高达68 712人。

震后大量人员伤亡，尸体无法及时处理，对水环境造成严重污染，加之多数建筑物倒塌，灾民无厕所解决大小便问题，进而造成严重卫生问题。统计数据显示，单日火化尸体甚至达到上千具之多，为了预防疫情及疾病产生，在每日进行火化尸体时，工作人员也会喷洒消毒药水来帮助减少环境卫生问题。汶川大地震也造成其他问题，如火灾等。尽管政府在震后下令停止灾区内化工厂继续作业，但经由国际环保组织绿色和平的追查，少数小型化工厂仍违规开工。其中，成都川西化工公司在地震中泄漏了大约600千克的有毒化学物质。绿色和平在发现此情况后立即与四川省政府取得沟通，希望可以减少环境污染产生的可能性。为了防止引起救灾过程中发生社会恐慌和混乱，此事件直到汶川大地震发生后10个月才让社会知晓。

尽管在震后有许多正面新闻，如"可乐男孩"等让灾区民众展现出灾后乐观的精神，也陪伴同为灾区的其他人一起走出震后的阴影，但受灾人口也有可能会因为家人或朋友丧生之痛和地震现场经历而产生严重的负面心理创伤。比如说北川县农办主任董玉飞由于强震带来的丧子悲恸无法释怀加上工作上带来的压力，于地震发生140多天后在自家公寓自杀。之后在灾区各县市也不断传出有民众自杀的消息。因此，强震后的搜救、补偿等工作虽然重要，但往往容易被忽视的是地震给受灾人口带来的心理问题，这需要专业的心理辅导队伍参加辅导。此外，在灾前向民众传播正确的防灾知识，在灾害发生时也可以在一定程度上帮助减少人员伤亡和受灾人群的负面情绪。

震后72小时是救援的黄金时间，在实际救灾过程中需要最大限度地缩短时间推延。在汶川地震中，为了把握救援黄金时间，各地分别派出救援团队前往灾区协助搜救行动。在震后的14日至22日有高达5.2万名的警察分别在四川、陕西等重灾区协同救灾。因地震而受影响的交通、通信等，也在救灾的过程中开展了极力抢修恢复；公路交通尚无法恢复时，铁路的顺畅得以保持并大大加强了交通的支持。同时，国家卫健委也向灾区派遣了医疗团队协助受伤灾民，进行环境卫生防控工作。政府各部门也分别发挥所长抢修瘫痪的各类系统，并着手灾后的重建工作。灾区的物资调派也由商务部组织，核实供应情形，并及时回报最新动态；对于震后的急难救助金，政府也下令各机构应保持系统的流畅，并做到随时支付款项，达到最大效率。

在地震救援过程中，及时准确的灾害信息传递亦非常关键。中国在汶川大地震后，政府与民间妥善使用网络开展灾情通报、寻求协助，并在使用后将需改善之处反馈给政府，从而有助于系统地提升完善。通过社会大众的灾情通报支持，可以形成一个自组织网络来提供可靠的消息。例如，汶川地震当时需调度直升机救援，但由于不能及时找到合适降落点而无法开展行动，一名女大学生在接收到该信息后，提供了一个适合降落的地点给救援人员参考，救灾部队经过考虑后发现该地点确实可供直升机降落。不仅如此，政府还利用百度地图等媒介协助了许多灾民找到失散的亲人，而群众也通过百度贴吧、豆瓣等各网站建立志愿者组织协助寻找亲友，这种自组织的模式大大提升了救援与协助效率。

2）东日本大地震

2011年3月11日的东日本大地震高达9级，因烈度太强引发海水倒灌，使日本多处地区（21个县市）受到影响。福岛地区的两座核电站因为受到海啸破坏而发生核物质泄漏。鉴于此，现今该次地震所影响的某些地区仍受到日本政府管制，且后续修复工作还在持续进行。地震引起的海啸让日本地区多处建设受到破坏；宫城县失踪及死亡有1万多人；桥梁、道路等断裂，交通也因此严重瘫痪；福岛、东京等多个城市也因为发电厂电力不足而停电。从灾情与系统失能也可以看出在震前对于防震的基本准备与防范的不足，同时有许多低概率事件的发生也是难以预料的，例如核电站遭到破坏引起核辐射外泄等。这不仅对日本当地人民的生命安全造成危害，还影响到去日本的旅客与遭到辐射感染的海洋生物，并最终在国际贸易中给国家经济带来巨大冲击[3]。

东日本大地震所产生的经济损失是历史上最庞大的（近25万亿日元），甚至造成了整个日本经济的危机。震后死亡人数攀升，除了部分灾民因为地震产生心理上的创伤外，许多灾民因余震不断仍需要不断避难而造成生理与心理上的疲累，最终选择自杀结束生命。通过日本警察厅的资料统计，福岛为震后死亡人数最多的地区（高达2 038人），而地震的总死亡人数则有15 894人，另外去灾区协助救援的自卫队，也有因过度疲劳而死亡者。在此次东日本大地震中，除了地震死亡人数众多外，许多救援人员也因公殉职，另有大量的人员至今下落不明。

根据主管赈灾重建工作的复兴厅统计，至2018年仍然有十数万灾民寄住在亲戚家或是简单的临时房屋中。政府在震后的重建工作与灾难救助金是对灾民最大的回馈，但灾民在震后的心理创伤也是政府应该正视的问题。在地震当年，发生"震灾间接死亡"的人数有大约200人，主要为灾后由于心理或生理状况不稳定而自杀，或是因为身体健康状况不稳定而丧生。

当地震发生时，政府意识到自身力量的薄弱，要依靠所有人民、非政府组织甚至企业等一同协力合作，才有办法将灾情减轻到最低。日本在2012年将专家与各地区的代表纳入防灾会议中，并修改灾害对策基本法，为了可以在灾害发生时能够有更多方式参与救灾，更多建议协助减轻灾害。同时，政府也邀请非政府组织一同参与实际操作过程，希望可以有更多方的合作与协助[4]。虽然在整个防灾体系下，政府还是作为主导的角色，但日本政府已将整个防灾体系扩展到民间和非政府组织等，以期发挥协同作用，加强防灾措施，提升救灾效率，减小损失。

在灾害管理中，好的协作关系可以帮助降低交易成本。日本民间的中介组织（中间支持组织）不仅提供给民众关于灾害看法和期望的一些信息，也有专人可以洽谈，无形中也形成一个小型社会网络，可以获知民众主要的疑虑与所需的帮助，民众也可以从中获得所求[5]。在发生重大灾害时，中介组织也可以依据平日所接收到的信息，帮助政府救援与灾后重建，并且作跨县市的连接，对灾情得到最快速的掌握，使灾害得到最快的救援。这种中介组织有效降低了因灾害信息的更新速度太慢或不确定而使救援行动无法顺利进行的可能。

6.2 降水灾害

巨大的水灾会威胁人们的生命和财产安全，也会对区域甚至一国的经济发展造成严重影响。水灾主要以洪水和雨涝灾害为主，也可统称为洪涝灾害。洪水则可以指一般的河川、海洋因水位的上升并产生强大的水流而造成周遭地区产生淹水或是建筑物与地面遭到淹没的情况。

可以导致洪水灾害的原因有很多种，如台风、梅雨季节等，都可能威胁到人民生命财产安全[6]。近年来，因为全球气候变暖的影响，全球各地气候异常，气候的变迁让各国难以预测与掌握，而关于台风的产生与强度、移动的速度等，现今也无法确定是否跟气候上的变化有直接的关联，但现今的降雨量从数据所显示的发展趋势来看，确是逐年增多。同时，许多人为因素，如坡地过度开发、超抽地下水等，也常常在暴雨过后酿成许多严重的灾害，这也是防范洪水灾害不能忽视的问题之一。

6.2.1 特征

洪水灾害的成因可以分为两种：自然因素与人为因素。自然因素有：河道淤积导致空间变少，在碰到大雨时，因水量过多，超出河道容量而导致淹水等。人为因素有：滥垦坡地、豆腐渣工程等导致水土流失，在发生暴雨时容易产生土石流、地层下陷的现象。

暴雨会造成降雨强度过大，从而可能造成较严重的洪水灾害，又可称为暴雨洪水。暴雨洪水的时间长、范围广，大江大河下游与一些沿岸地区就常常受到暴雨洪水的威胁与影响，如1975年的淮河洪水事件即属于暴雨洪水。山区因为本身坡度较陡，在发生降雨时，很容易形成急促的水流，而水量也容易汇集形成更大的水流，这时就会形成山洪。在高山、高纬度地区，因为雪地面积、雪的密度等，容易造成融雪洪水。山洪虽可能在降雨后的短时间内突然产生且损坏威力强大，但山洪是可以看出征兆并事先预防的。例如溪水颜色不同（变黄），水中含有树叶枯枝等，都是发生山洪前的特征。

此外，洪水种类也包括凌汛、溃坝、堰塞湖等。凌汛通常发生在初春时，气温开始上升造成冰块的融化，同时因为部分河段由低纬度流向高纬度地区，低纬度的上游会先开冻，而高纬度的下游则仍然封冻，这时候水流从上游流到下游后容易堆积产生冰坝，而发生冰凌洪水。当发生洪水时，帮助挡水的构筑物（如水坝等）若因为水流的强度太大而被推翻，导致水流冲出，影响到下游地区住宅和农作物等，则可称为溃坝洪水。溃坝洪水在一瞬间冲出的水流量可以产生很大的破坏力。当地震发生时，山区可能因地震烈度太强而有土石流，而土石流堆积让河川遭到堵塞，也容易有洪水产生，此可称为堰塞湖。中国幅员辽阔，有很多种类的地形（沙漠、高山等），有约 2/3 的面积可能产生洪水灾害，且各自可能带来的影响也不尽相同。

6.2.2 影响

1）直接影响

发生洪水灾害时，因水量过大、水流过急容易有大量伤亡产生，而在救援与重建工作时，电击、灾区可致命物品（建筑物碎片）等冲击也容易造成人员的死亡。虽然因淤积产生疾病传染也是在洪水过后可能产生的风险，但从当前的洪水灾害例子来看，此种情形较少见发生。

2）间接影响

农作物因洪水冲至下游而被淹没或遭到损坏，导致在短时间内出现粮食供不应求，是在洪水灾害中较容易看到的间接影响事件。而洪水也可能因为淹没房屋或冲破建筑物的玻璃，而导致内部损坏，威胁人民生命财产安全。例如医院的内部设备因受洪水的冲击而无法持续作业，使得需要仰赖医疗设备维生的病患不幸丧命。此外，由于洪水而引起有毒化学物质污染和扩散的情况虽有可能发生，但当前此类案例较少。

6.2.3 案例

1）2017 年南亚水灾

每年的 6 月南亚国家开始进入季候风季节，2017 年的季候风暴雨造成了严重的破坏，短短两周伤亡人数已接近千人，受到影响的灾民则高达 2 400 万人，主要受灾地区为孟加拉国、印度和尼泊尔。

此次水灾在孟加拉国被定为"百年一遇"水灾，导致有近 1/3 的国土面积遭到淹没。在水量逐渐退去后，因为物资与救援人力的不足，很难防止灾区受到疫情感染；同时，灾民的数量多、需求多，而资源却非常稀少。政府没有预料到此次灾情的严重程度，物资准备量是依据前一年的数量所做，洪水退去后，当地仍需要灾民帮忙协助修补房屋，以应对降雨和医疗疾病等问题。救灾过程中，孟加拉国政府有多处产生物资缺乏的问题，如药品、帐篷等。因为洪水的破坏力过大，孟加拉国当地多个桥梁崩塌，不仅对交通产生影响，连带发生粮食与其他物资供不应求的次生问题[7]。

印度多个地区在此次洪水灾害中也受到严重影响，其中以北接尼泊尔、东邻孟加拉国的比哈尔（Bihar）地区受到的破坏最大，不仅电力被切断，道路与农作物也被淹没。

在南亚水灾中，尼泊尔有141人死亡，灾情足足影响了3.8万个以上的家庭。在救援的过程中，因为当地所拥有的干净水源全遭洪水淹没，非营利组织也在灾区发放净水器、食物等，希望可以协助解决水源与物资缺乏问题，且有些救援人员也在灾区协助提供健康照护[8]。

2) 2011年泰国水灾

由于2011年泰国水灾对曼谷北方工业区造成巨大破坏，且主要冲击美国、日本等汽车大厂及信息大厂的生产线，因而备受国际关注。同时，拥有国际粮仓之称的稻米重要产地也是此次洪灾淹没的主要范围，由此引起粮食供给不足问题，此外，洪灾威胁首都曼谷，重创了当地观光旅游业。洪灾除了重重打击泰国经济，使损失高达约4 000亿泰铢外，更造成500名以上的不幸罹难者，300多万人的生活受到不同程度的影响[9]。

此次水灾事件对泰国所造成的冲击与损失包括农业及工业。农业方面，洪灾摧毁了泰国稻田面积约1.70万平方千米，换算成稻米产量约有700万吨的亏损。工业方面，因泰国几个主要工业区在此次洪灾中无一幸免，外商投资工厂被迫停工，而电子、汽车零件供应链首当其冲。从实例来看，泰国为全球第二大计算机硬盘零件出口商，受洪灾影响，造成个人计算机主要零部件不足，而导致全球硬盘价格上升。此次洪灾波及范围甚大，据路透社指出约有9 859座工厂及66万个工作机会都深受影响，经济成长幅度大幅缩减。

水灾除重创泰国当地产业外，诸多国际大厂如威腾电子公司（Western Digital Corp）、日本索尼（Sony）、尼康（Nikon）及丰田汽车等，也因厂房设在泰国这些地区而大受影响。供应链被迫停工导致产量缩减，造成后续商品价格调涨及无法应对市场需求等压力。更糟糕的情况在于泰国当局在评估洪水情势及决策时制定的应对策略因不够缜密，造成了其无法及时应对洪灾带来的挑战，由此引起许多外商公司在10月中纷纷对泰国政府提出不满及抗议[10-11]。

观光旅游业向来是泰国经济的主要构成部分，此次洪灾过后，泰国观光局列出了主要观光受影响地区，主要包括湄南河中下游一带，尤其是大城府、曼谷府、暖武里府、佛统府、素攀武里府；而在这之中，饱受洪灾破坏的是以古迹文物闻名的大城府。大城府为泰国的历史古都，留存了许多珍贵的建筑与庙宇，泰国历史传统景观在这座城市被传承和发展，大城历史遗迹公园是联合国教科文组织认定的世界历史文化遗产。此次水灾对其造成的影响及损失难以计算，相应的修复工作也面临重重考验[12]。

6.3 风灾

因暴风、台风或飓风过境而造成的灾害，称之为风灾。风灾的灾害影响与风向、风力及风级等密切相关。风向，如同字面所表示，指风吹来的方向，如北风就是从北方吹来的风。通常借由风向标等观察风向，并依据风向标箭头指向来指出风吹来的方向。风力，是指风的力量。风力大小与风速大小为正比关系。风级，指的是风力的等级。一般区分为12到13个级别，零级风为速度每秒0.2米以下的风，而12级风则为每秒32.6米以上的风。

风灾形成的原因既可能来自自然因素，也可能来自人为因素。除我们熟悉的大自然气候变化外，人类对自然环境的破坏，如滥垦滥伐造成地表植被损毁、汽车尾气等温室气体的大量排放引起温室效应等都与风灾形成息息相关。此外，环境的不同，也会影响风灾的形成，现代化城市中大型高楼林立，若未于修建时预先进行风洞测试，则会造成楼与楼之间的人为风洞效应[13]。

通常风灾灾害分为以下三级①：

一般大风：相当于6~8级大风，会破坏农作物但对工程设施一般不会造成破坏，影响比较小。

较强大风：相当于9~11级的大风，除了破坏农作物及树木外，对工程设施也会造成相当程度的损坏。

特强大风：相当于12级以上的台风，除了对一些工程设施破坏以外，还会对船舶、通信和电力设施等造成损害，甚至严重威胁人的生命安全。

台风（Typhoon）、龙卷风（Tornado）及强劲的东北季风都会造成风灾，其中亚洲地区又以台风为常见。气象学将台风定义为一种剧烈的热带气旋（Cyclone），台风并非为独特的天气现象，其他地区的热带海洋上也同样有台风，并根据地区的不同，对其有不同的称呼②：

台风：发生在北太平洋西部及中国南海者。

旋风（或气旋）：发生在印度洋、孟加拉湾及阿拉伯海者。

飓风：发生在大西洋西部、加勒比海、墨西哥湾及北太平洋东部者。

6.3.1 特征及影响

大风常常给房屋、车辆、船舶、树木、农作物及通信设施、电力设施带来破坏，有时也会造成人员的伤亡及失踪，这样的灾害即所谓的风灾。台风（Typhoon）、龙卷风（Tornado）及强劲的东北季风为主要风灾形式。

大风所造成的灾害有直接灾害与衍生灾害两种。直接灾害包括建筑物及农作物的毁损，人、畜、车辆被风卷起，电线杆歪斜、折损导致断电，抑或是使船等交通工具翻覆等。衍生灾害则为因风而造成的间接灾害，如沙尘暴等。因地理位置的关系，中国东南沿海于夏、秋两季经常有台风的侵袭，因所处位置位于台风路径的要冲，又因台风为剧烈的热带气旋，具有极大的动能和大雨，以及引进的旺盛西南气流，往往造成沿海各地灾情频传且损失惨重。

6.3.2 案例

"卡崔娜"飓风（Hurricane Katrina）于2005年袭击美国东南部，是百年来美国东南部湾区遭遇的最强飓风之一。狂风暴雨来袭，使河湖水位暴涨，再加上溃堤造成新奥尔良市八成市区被水淹没。美国东南部的五个州，包括路易斯安那州、密西西比州、亚拉巴马州、肯塔基州、佐治亚州都受到"卡崔娜"飓风的破坏。整体受灾面积达23.3万平方千米，其中以新奥尔良市为飓风肆虐受灾最严重地区。

在2005年飓风"卡崔娜"及2013年横扫菲律宾的台风"海燕"这两次重大灾难后，民间有人提出了"全球变暖生成超强台风"的说法。不过，有专家学者持不同看法，日本气象厅表示："迄今为止，台风的发生数及强烈台风发生的比率等没有明显的增减倾向。"同时该厅的气象研究所参与实施的一个本世纪末期全球变暖仿真试验的结果显示，在热带气旋个数减少的同时，极强的副热带高气压数量呈增加倾向。

同属于西太平洋的日本也易受台风的侵袭。根据日本气象厅数据显示，1981年至2010年的30年间，平均每年有26个台风生成，并约有3个会登陆日本列岛。而发生于低纬度的台风，在初春之际多往西部菲律宾方向移动，但当夏季来临时，台风则多随副热带高气压外围气流北上。于7—10月接近日本，登陆最多的是在8—9月，且登陆的台风常触发秋雨锋面形成大雨，导致更多灾害的发生。正因台风登陆时常挟带着丰沛雨量并导致灾害频传，日本政府加强了防灾力度，包括风暴潮对策及河川洪水对策等，以期望大规模台风灾害得到控制。然而即便为应对台风而有所预防，台风所造成的灾害却仍常常超出预想，2017年强台风"兰恩"（Lan）挟带强风暴雨侵袭日本，造成至少有5人死亡、1人失踪，还有132人受伤，且导致多地山体滑坡及淹水灾情。灾情较为严重之处，多位于九州岛与关西地区。

同年，台风"天鹅"也挟带强风暴雨掠过我国香港、澳门，最终在广东省珠海市登陆。"天鹅"本身具有极强破坏性的风力，而当时又正值风暴潮叠加天文大潮，从而引致港澳两地多处严重淹水，澳门灾情尤其惨重。据澳门民防行动中心等单位统计，"天鹅"台风造成港、澳、珠等地至少12人死亡，153人受伤，经济作物等财产损失已逾55亿元，为当地半个世纪以来最严重的风灾。

6.4 社会脆弱群体

随着社会变迁，社会人口组成也逐渐改变。从目前趋势来看，因生育率的持续降低，社会朝少子化发展趋势明显，同时高龄人口不断增加，占总人口比例逐渐上升，使人口结构逐步偏向高龄少子化。通过总结过往灾害经验可以发现，高龄族群往往是受灾风险较高的族群，且从各国实际统计的灾害伤亡资料中同样也可发现，高龄人口于灾害发生后的伤亡比率，常远高于其他年龄层的族群。更深入地了解并探究其脆弱性原因，从社会环境条件层面可发现，独自居住、缺乏社会支持网络、灾害发生时难以逃生和获得避难协助等因素，是高龄族群受灾风险增大的重要原因。因此，在社会人口结构老龄少子化背景下，衍生出了更多必须解决的风险问题。

灾害的样态是多变且难以揣测的，但对自然灾害（如风灾、水灾、地震等）的受灾者而言，年老的长辈多属于遭受影响的高风险群，而为降低老人弱势族群面临灾害时的威胁，在各类灾害管理的对策上需要对其进行特殊的考虑和作为。不同的背景属性所可能产生的灾害威胁皆有所差异，性质相同的弱势族群也可能因不同的背景属性而有不同的影响程度。这些差异的产生，亦即同一弱势族群暴露（Expose）在相同灾害风险下所暴露的脆弱度（Vulnerability）相互不同的结果。在灾害管理的相关研究中，针对不同的族群有差异性地考虑为目前国内外所关注的重点。

6.4.1 特征

在脆弱度、防灾知识、风险知觉与防灾警觉上，弱势族群的平均得分常常介于"中低"至"低"的层级，然而，在心理脆弱度上却是处于"高"的层级。从这些结果可以推论出，弱势族群在防灾心态上属于较不完备的状态，在面临灾害时的准备度偏低，但却又有着害怕受到灾害侵袭偏高的恐惧感，一旦发生灾害，更易有加倍的身心伤害[14]。高龄者在"防灾知识""风险知觉"以及"防灾警觉"上的得分呈现偏低的状态，相较于其他弱势族群，老人在防灾准备方面的状态最不完全。一旦灾害发生，其生命与心理安全令人忧虑。高龄者可能因行动缓慢、经济条件不佳等因素，在灾害发生时，受灾风险常远高于其他年龄层的人员。面对未来高龄化社会及地区灾害脆弱度逐步恶化的环境趋势，预先规划研拟相关策略以降低高龄者受灾风险，是当前都市防灾规划的重要议题之一。从社会环境条件层面来看，独自居住、缺乏社会支持网络是其脆弱性偏高的重要原因，因此需要先从这些弱点处着手改善[15]。

单亲家庭、低收入户与受灾户跟老人与身心障碍者皆属于经济上独立与自给能力较差的族群，但单亲家庭、低收入户与受灾户与老人及身心障碍者仍有着些许的差异，他们有着较为独立且便捷的行动能力。因此，其所关心的问题与老人或身心障碍者则较为不同。当遭遇较大程度的灾害损失时，单亲家庭、低收入户与受灾户对于政府的补助标准与补助内容持有相当高的关注，由于补贴的金额一般较少，无法有效地解决他们经济财务上的困难及填补他们的财物损失，这就使得单亲家庭、低收入户与受灾户普遍认为政府的灾害补助标准过低，无法真正有效地协助灾民改善生活。对单亲家庭、低收入户与受灾户而言，灾害中以财务上的损失为主，因此其对灾害所关心的已经不是灾害本身，而是灾后的赔偿与复原问题。换言之，其对于防灾的观念关注偏低，而是较注重政府能为其提供什么资源，并关心政府针对灾害赔偿有无新规定或标准，使其可以受到妥善的照顾。

灾害所造成的创伤往往是无法衡量的，曾经历灾害或是邻近于灾害发生率较高地区的人，相较一般正常人更为敏感，如处于淹水与土石流风险较高地区的人，每当下雨或有台风，都会让他们产生精神焦虑。建构紧密的社会网络有助于灾时提供心理支持协助受灾居民走出灾害伤痛，及在灾前整备及灾后重建之空间规划上，皆可考虑打造公共使用空间，以人际关系交流为主要思考方向。

6.4.2 案例

1）澳大利亚

当面临天然灾害威胁时，澳大利亚政府采取与我国较为不同的方式因应，在我国多由政府为主要单位负责避难疏散及安置等工作，然而，澳大利亚则强调民众的责任与义务，在灾前为建构及提升民众防灾意识，通过提供防灾讯息、办理防灾演练等，政府得以积极与民众沟通互动；而当灾害发生时，则由政府公告灾情预测，统一汇整相关信息，加上由民众自主避难并自助助人，也因于灾前、灾时及灾后政府与民众各自分工，使其能够较顺利地因应灾害的发生，大幅度地提升政府救灾能力[16]。对于高龄族群，昆士兰州政府及惠灵顿郡政府皆依循同样原则，并善用高龄者之能力，以达到对防灾更妥善地规划的目的。政府在灾前会广泛调查有协助需求的高龄者所在的位置，并预先配置救灾行动及医药资源，同时也鼓励高龄者参与紧急应变管理计划拟订过程，提供个人防灾整备及应变建议，得以借重其意见并善加利用。除此之外，通过建立自助互助机制，鼓励高龄者在能力范围内对邻居提供协助，以强化弱势族群的防灾能力[17]。

2）菲律宾

在"海燕"台风肆虐后，国际助老协会（Help Age International）及菲律宾高龄者服务联盟（Coalition of Services of the Elderly）通过合作的方式，协助菲律宾建立小区防灾应变机制③。通过邀请小区内高龄者参与拟定小区灾害应变计划，并对其进行防救灾知识、技能等教育训练，希望通过其积极参与小区重建计划的拟定及执行，实现被动变为主动，从原本待救助的角色，转变为提供协助并积极参与小区防灾工作的角色。再者，通过这样转化的过程，扭转高龄者即为弱势族群的印象，提升高龄长辈的自信心，使其了解在灾害发生时，自己仍可为所生活的小区贡献一己之力，而并非只是被动等待他人救援的一方。

3）美国佛罗里达州

考虑到在州内各地区可能发生的灾害种类众多，以及州内人口结构老龄化的趋势，美国佛罗里达州将待救助者事前登记制度纳入该州的灾害紧急管理法（State Emergency Management Act）。此法规定，需预先了解相关生理、心理或认知障碍的登记者在灾害发生时疏散、避难安置阶段的需求，这属于地区灾害紧急应变机构的工作范围。同时，通过卫生部（Florida Department of Health）的协助，规范州政府的紧急事务管理部（Florida Division of Emergency Management，DEM）预先拟定相关计划，并事先分派可提供对应支持的避难据点的区位及规模，做到未雨绸缪，以应对灾害的发生。

第6章注释

① 2017年《文汇报》，取自：http://www.xinhuanet.com//world/2017-09/28/c_129713613.htm。浏览日期：2019年4月8日。

② 纽约时报中文网，2018，https://cn.nytimes.com/culture/20180914/wod-typhoon/zh-hant/。浏览日期：2019年4月8日。

③ 参见国际助老会（HelpAge International）网站。

第6章参考文献

[1] ROSE A, BENAVIDES J, CHANG S E, et al. The regional economic impact of an earthquake: direct and indirect effects of electricity lifeline disruptions[J]. Journal of Regional Science, 1997, 37(3): 437-458.

[2] NORIO O, YE T, KAJITANI Y, et al. The 2011 Eastern Japan great earthquake disaster: overview and comments[J]. International Journal of Disaster Risk Science, 2011, 2(1): 34-42.

[3] HUANG Y, CHEN W, LIU J. Secondary geological hazard analysis in Beichuan after the Wenchuan earthquake and recommendations for reconstruction[J]. Environmen-

tal Earth Sciences, 2012, 66(4): 1001-1009.

[4] CHO A. Post-tsunami recovery and reconstruction: governance issues and implications of the Great East Japan Earthquake[J]. Disasters, 2014, 38(S2): 157-178.

[5] AOKI N. Adaptive governance for resilience in the wake of the 2011 Great East Japan Earthquake and Tsunami[J]. Habitat International, 2016, 52: 20-25.

[6] JIANG T, KUNDZEWICZ Z W, SU B. Changes in monthly precipitation and flood hazard in the Yangtze River Basin, China[J]. International Journal of Climatology, 2008, 28(11): 1471-1481.

[7] LECOMTE D. International weather highlights 2017: catastrophic hurricanes, Asian monsoon floods, near record global warmth[J]. Weatherwise, 2018, 71(3): 21-27.

[8] KOHNO N, DUBE S, ENTEL M, et al. Recent progress in storm surge forecasting[J]. Tropical Cyclone Research and Review, 2018, 7(2): 128-139.

[9] Gale E L, Saunders M A. The 2011 Thailand flood: climate causes and return periods[J]. Weather, 2013, 68(9): 233-237.

[10] HARAGUCHI M, LALL U. Flood risks and impacts: a case study of Thailand's floods in 2011 and research questions for supply chain decision making[J]. International Journal of Disaster Risk Reduction, 2015, 4: 256-272.

[11] GHADERI Z, MAT SOM A P, HENDERSON J C. When disaster strikes: the Thai floods of 2011 and tourism industry response and resilience[J]. Asia Pacific Journal of Tourism Research, 2015, 20(4): 399-415.

[12] CHEE WAI L, WONGSURAWAT W. Crisis management: western digital's 46-day recovery from the 2011 flood disaster in Thailand[J]. Strategy & Leadership, 2012, 41(1): 34-38.

[13] LIU D, PANG L, XIE B. Typhoon disaster in China: prediction, prevention, and mitigation[J]. Natural Hazards, 2009, 49(3): 421-436.

[14] LAMB K V, O'BRIEN C, FENZA P J. Elders at risk during disasters[J]. Home Healthcare Now, 2008, 26(1): 30-38.

[15] PEKOVIC V, SEFF L, ROTHMAN M. Planning for and responding to special needs of elders in natural disasters[J]. Generations, 2007, 31(4): 37-41.

[16] MCLENNAN B, WHITTAKER J, HANDMER J. The changing landscape of disaster volunteering: opportunities, responses and gaps in Australia[J]. Natural Hazards, 2016, 84(3): 2031-2048.

[17] STARK A, TAYLOR M. Citizen participation, community resilience and crisis-management policy[J]. Australian Journal of Political Science, 2014, 49(2): 300-315.

7 社会动荡与公共安全

城市社区作为人口集中地,自然会出现大量的利益诉求。当这些诉求彼此不一致时,冲突就可能会发生。任何时期、任一统治团体均会通过制度性安排(如道德、法律)预先将人与人的潜在冲突纳入轨道,并为争端各方提供合适的申诉渠道(如议事会、法庭、合法游行等),以避免社会动荡而损害统治阶层的长远利益。但是资源的稀缺性难以消除,人们的追求也千变万化,所以再合理的制度安排也无法解决所有的冲突事件,在社会变革剧烈的时期更是难有长时间的稳定性。这些利益冲突一旦由于申诉渠道的阻塞而开始积累且不能得到及时疏通时,其就有可能以意料之外但情理之中的方式暴发出来。2018年年底巴黎暴发的"黄马甲"事件以及2011年起延续数年的"占领华尔街运动"都体现出这些特征:看似细枝末节的"不满情绪"的积累、统治团体和阶层的漠视或误判、现有制度对于消解冲突的无能为力、导火索式的引爆事件(法国的燃油税调整和"阿拉伯之春")等。这类由社会动荡造成的公共安全问题很难有皆大欢喜的结局,甚至往往是多败俱伤,也有很少一部分事件最后转变成为有组织的政治运动或革命,因而综合来看对社会带来的损失远大于收益。法国的富人们仍然会享受减税待遇,华尔街的"精英"们也没有成立基金或公益组织以提高公共福利,但执政集团的公信力均会受损,表面上未受伤害的资本力量或利益集团也多会在后续的经济波动中遭受损失。此时,风险决策的专家或"技术官员"们或自觉或受命肩负起一定的减少社会利益损失的责任,他们会通过对起因的解读和对现有制度的创造性利用来尽力消弭冲突,甚至力求实现各方共赢。

7.1 群体性事件

近年媒体舆论中经常出现且可以称得上灾害的至少有两类公共安全问题:群体性事件和恐怖袭击[①]。这两个议题多是政治学者的关注点(如国际关系、公法、公共关系等),而在具体到街头的执行层面又是司法公正(Criminal Justice)的题目。本章主要从公共行政角度出发来介绍和讨论此两类问题的成因和应对。

"群体性事件"在某些词汇和百科网站中被译为"Mass Incidents",虽然在字面上似无大问题,但较易与"大规模伤亡事件"(Mass Casualty

Incidents）相混；此外，中文语境下的群体性事件事实上包括各类成规模的社会冲突，都带有对现有秩序的冲击和突破，也都属于社会性的震荡，因而和"Social Unrest"或"Civil Unrest"更为接近。无论如何翻译，其中的"群体""Social""Civil"等修饰成分均表明了此类风险的公共性，也就是说，其影响已经不止于某个人或小群体与其对立派别或管治机构的关系，而扩大到了更大的社会层面。这种风险事件的外部性会使很多"第三方"被动卷入冲突，比如美国极左的"Antifa"（反法西斯阵线）与极右的"Alt-Right"（另类右翼）在特朗普当选后的对立在加州伯克利引发了长达数月的严重冲突[1-2]，同时给加州大学伯克利分校造成了极大的经济损失[3]，也有很多原定的校园活动被迫取消[4]。与自然和技术性灾害不同，群体性事件带来的经济损失和人身伤害虽未必会超出当地的应对容量，但对社会的撕裂和人们的心理冲击很可能远甚于更大规模的飓风或原油泄漏灾害。

7.1.1 起因

"有人的地方就有利益关系。"无论是在政府公务和工作社会空间，还是在日常社会生活当中，总是不可避免地会产生各种利益关系协调问题。一旦事件关系到名利，在没有强大的权力制约时，冲突和争执就会成为一种常态。在当今社会群体性事件中，"名义"和"利益"往往是冲突的焦点。在保护私有财产的商品社会，利益是很多个人和组织的行动目标，其中既包括可用货币量化的经济利益冲突，又有以土地或区位形式出现的地域争夺；而在名义方面，纵贯人类历史的宗教信仰和政治理想也带来了无数的流血斗争；人类社会的形成、迁徙、发展又造就了强大的族群认同，"非我族类，其心必异"的预设似乎深深植根于每个不同文化的基因当中。基于此，本节从区位（"利"）、经济（"利"）、信仰（"名"）、族群（"名和利"）等四方面讨论群体性事件的起因。

1）区位冲突

提到区位冲突，很多人的第一反应就是所谓的"邻避运动"——对"Not in My Backyard, NIMBY"的巧妙翻译，完全符合"信达雅"的标准。群体性的邻避运动或许可以追溯到美国20世纪中叶一些房地产商对"美国梦"冠冕堂皇的解读[5]。当时平权运动风起云涌，以至"分离但平等"式的歧视也逐渐被舆论唾弃。于是，以逐利为目的的资本就瞄准了种族与收入的相关性，以维护生活质量为名，行种族隔离之实。比如在郊区兴建大体量的独栋住宅，鼓吹私人交通并兴建高速公路连接市郊，通过区划法规（Zoning）保证每个住宅地块不被分割，同时成立业主委员会（Home Owner Associations, HOA）以民主的名义制定各种规章等。这些手段均会提高居住成本（以保证生活质量的名义）而将中低收入的少数族裔排除在白人社区以外。与此同时，庞大且集中的中产阶级是各地重要的税收和选票基础,因而这些手握房主选票的业主委员会们就有很大的政治能量来影响当地各类设施的空间布局。最初他们可能会阻止政府或开发商将公寓类"多家庭"式住宅规划到临近街区,其后甚至会反对公共交通在附近布线和设立站点(穷人可以买得起车票),以及驱赶连锁超市等劳动密集型产业(会雇用穷人)。另一方面,在对环境保护比较敏感的左派社区,也会出现有组织的行动来迫使污染性或高风险产业搬迁。抛开道德和法律争论不谈,这些冲突可谓是争夺空间权利的体现,即私人或小范围社区利益与公共利益不一致带来的对抗性事件。

2)经济斗争

传统的马克思主义学者多会把经济关系表述为阶级关系,即掌握生产工具的一方与受雇使用工具生产的一方有天生的对立性。而资方对劳方的剥削很容易带来冲突,所以在政治偏左的国家和地区常会有各类活跃的工会组织,也时常会因为利益问题组织行业雇员走上街头或罢工示威。不过,可能造成群体性事件的经济冲突并非必然发生在"剥削阶级"与"被剥削阶级"之间。首先,很多企业雇员可能以各种形式(如股份)拥有一定的生产资料;其次,在公共部门或非营利组织中也并无明确的"剥削阶级";最后,即便同为"无产阶级",也可能在政治力量和组织结构的消长变化中发生利益冲突。

笔者的一位同事曾在科罗拉多州(政治偏左)一所公立大学任教,虽然整个学校的运营都建立在公帑之上,教职工们仍然成立了自己的工会以便在校董会、校长等"大老板"们面前保护自己的政治和经济权利。这位同事在担任工会领导期间组织过数次与行政部门的对抗或谈判,但近年来发现更多冲突转移到年长与年轻的教员之间。比如在面对校长提出的以一次性奖金代替合同加薪时,到底该坚守传统的绩效考核与每年加薪,还是收下奖金并偃旗息鼓,流动性强且"短视"的年轻人往往与已经在学校工作数十年的"老人"们意见不合。而在城市社区中,这类冲突亦是屡见不鲜,比如"占领华尔街运动"中四处搭帐篷的低收入或零收入者们会阻塞交通、污染街道环境,反而给同为底层但略有资产的打工者带来很多困扰;加拿大邮政工人在2018年年底的罢工瘫痪了整个国家的邮政系统,在舆论上也受到了来自一般民众的普遍压力[6]。这类冲突背后的组织推手往往不止一个组织或群体,诉求也可能极其复杂且易变,决策者很难找到其主要焦点来准确高效地化解矛盾。

3)理念和信仰

科学发现的一大基本特征是所谓"可证伪性",即每个理论总是有一定的适用范围,一旦超出此范围即会被证伪并被新的或其他理论取代。比如经典物理定律在量子世界并不适用,但不妨碍其科学理论地位。与之相对的则是"不可证伪"的原则,一般被称为"主义""信仰""意识形态"等,共同特点是鼓吹者可以将其"放之四海而皆准"——任何实证检验和严密的逻辑推理都无法彻底推翻(或证实)这些原则。比如代议制民主之于西方社会,上帝的存在之于一神教信徒等②。无论是政治理念还是宗教信仰,在不可证伪的信念基础之上都有一套看似非常完善的逻辑体系,也都为其听众准备好了一个可堪期待的未来(或现实),如"民主选举让政客服从群众的意志""天堂里没有车来车往""各尽所能各取所需"。在任何社会不公和无法实现的自身利益前,总有一个理念或信仰可以通过描绘美好的未来以吸引大量听众,而当听众在现实中遭受的痛苦难以通过当前的制度或无法以较低成本消除时,就会有动力来采取行动打破秩序。

近年来,在国外出现了诸如新纳粹、白人至上和反移民等思潮,这些思潮的出现大多源于两大因素——收入下降或社会不公,以及极端政客极力推销的"外来移民全部消失"这样的想象世界。而当宗教极端主义与现实的政治理念结合时,更可能带来远超一般社会动荡乃至成为战争的风险。比如"伊斯兰国"(IS/ISIS/ISIL)将中东的贫困与动荡归咎于异教徒、西方世界、全球化和世俗的政权等,并发动战争和恐怖主义行动,这给当地甚至全球的经济、文化等带来了极大破坏。

4)族群对立

族群内部的认同和彼此的对立与前面提到的极端政治和宗教思想常常混杂在一起,并被很多权力投机分子/政客利用。但"非我族类,其心必异"的念头可以说是深埋在人类数千甚至数万年的冲突历史中,而不像极端理念和信仰般仅对少数"热血分子"起效。在一个同质性极高的社区,倘若出现一个或一群在形象、口音、行为等方面与本地人有差异的陌生人,很少有人会发自内心地将这些陌生人视为"我们"的一分子,而是会先入为主地产生不信任感乃至敌意。而当这些外来者的社会地位显著低于本地人时,这种敌意可能会愈发明显和激烈地表现出来。

美国的大城市在短短两百年间就经历过很多系统性的移民与"本地人"的冲突:19世纪早期到中期新教徒与爱尔兰移民(天主教徒)的暴力冲突;淘金热中白人对墨西哥裔和华裔的袭击;19世纪末针对意大利裔的私刑;二战后期对日裔的集中营式的关押和骚扰;以及贯穿美国历史并延续至今的黑人—白人冲突[7]。任何民族融合的地区,每当出现对有限资源的争夺时,人们很容易根据显而易见的特征形成群体和组织以壮大力量,同时也会提高族群冲突的风险。

7.1.2 应对与疏解

无论原因如何,上述群体性事件都会给平静有秩序的社会生活带来威胁,而维护公共安全的风险决策恰恰针对这些可能的冲突事件或"暗流"。若我们将社会秩序看作个体为了安全放弃一定自由,与群体(或群体代表)签订的合同(即"社会契约"),则这些合同可以大致分为相对非正式的"道德/道理"和通过正当程序制定的"法律"。群体性事件依据其所对应的诉求也就可以分为"合理合法""合理非法""不合理但合法""不合理且非法"四类（表7-1）。需要指出的是，此处的"道德"仅指在事件发生时期当地的道德标准，其不一定符合其他地区或者大部分人的看法。

表7-1 群体性事件分类

分类	合理（道德）	不合理（不道德）
合法	经政府依法批准并得到居民支持	虽经批准但不受当地居民欢迎
非法	未经批准但得到民众响应	未经批准且被当地居民反对

先讨论合理这一列。有些群体事件合理合法，发动者的本意也不是要对社会秩序造成较大的震荡，比如20世纪60年代美国民权运动时期的各类集会、游行和演说等。但在当局应对不当或群体丧失耐心时，这些事件极易突破法律限制而演变为"合理非法"的冲突，即得到公众同情的示威人员与代表法治的政府与执法人员发生暴力对抗。在这类冲突中，行政部门和公共雇员其实处于非常尴尬的境地，因其身负的两个重要职能——"执行现行政策"和"响应群众诉求"之间发生了严重对立。

处于这种矛盾之中的决策人员常需要倚重自身专业素养来化解纷争，比如执法人员使用有限暴力手段驱逐或收押极端分子，政策执行人员通过公共关系渠道向群体解读政策、作出调整和暂停实施等。风险决策人员也可以与立法机构联合，采取"釜底抽薪"式的手段来把群体事件提前消解。比如在保守派政治势力占优的得克萨斯州，选民对自由派/左派的很多主张都非常敏感甚至敌视，这些态度也反映在政策和立法中，例如禁止强迫雇员参加工会③、禁止公职人员（包括公立学校教师）参与罢工和组织劳资谈判④等。不许工会强迫所有雇员加入的理由是个体有"工作权"（Right to Work），故不得以加入某个组织为先决条件；公职不得罢工则是基于"收纳税人的钱，为纳税人办事"的逻辑和限制"政府"权力的理念。如此一来，工会力量在得克萨斯州受到极大制约，就算工会可以合法集会和罢工，但其会费和风险严重限制了工会的规模，也在州法的负面"加持"下难以得到社区的认同。诚然，这种手段也会伤及一些人的基本利益，即使居民或社区支持一些群体和诉求——例如收入显著低于平均水平的公立学校教师们，这些群体也可能因为担心其行为的合法性和丧失工作的风险而退出行动[8]，加拿大邮政工会在2018年组织的罢工也是由国会通过紧急立法终止[9]。

在不合理/不道德的两类事件中，决策者较易利用社区和居民的态度来平息事态，如同使火源与空气隔绝一般，当拖延足够时间后，这两类群体性事件多会偃旗息鼓。三K党的衰败和企业工会在得克萨斯州的影响力量的式微正是由于缺乏民意基础，从而很难组织起成规模的示威或暴力活动。即使偶尔有群体性事件出现，维护秩序的行政机构也多可以任由事件自然消退，仅需时刻跟踪事态发展或偶尔微调管控。但一定时期和地区不合道德的诉求也可能代表了长期受到压迫的弱势群体，或者是部分改革派别对现行秩序的批判性思考。比如同性恋权利运动中里程碑式的"石墙暴动"（Stonewall Riots）显然在当时（1969年）属于既违法又不合道德的群体性事件，但也是长期被社会视为"不正常"而饱受歧视的同性恋群体一个爆发的突破口，而在此之后，左翼社区的舆论开始转向，最终在半个世纪后为整个同性恋群体争得了联邦司法的支持。早期信奉天主教的爱尔兰移民群体也属于"不道德"的代表，在媒体中被脸谱化为暴力、酗酒、黑帮等形象，也包括在城市独裁领袖下的"政党机器"，而后者恰恰是爱尔兰移民为了自保成立的结合帮派与政治的城市组织。如今时过境迁，当年不道德的形象逐渐与爱尔兰裔脱离，同时在"分赃制"（Spoil System）下曾经合法的政党机器也逐渐被法律禁止。美国上百年的种族政治演化过程中，正是一批有远见的行政改革家们将群体冲突的力量引导至改变不良法律和落后道德的正途上来[7]。

7.2 恐怖袭击

虽然并未有统一定义，但我们对恐怖袭击的理解多少都包含针对非军事目标的袭击，如平民、日常生活设施和民间活动等。如果把有组织的政府行为排除（如屠杀、种族灭绝和无差别轰炸等），则现代恐怖主义多被认为起源于19世纪中后期爱尔兰共和兄弟会制造的各类爆炸案件、欧洲大陆的无政府主义运动、美国的三K党针对黑人的多起种族袭击等事件[10-11]。其后的恐怖袭击多随国际形势变动而发展——比如20世纪初的爱尔兰独立运动、中东犹太复国主义与阿拉伯人的流血冲突，二战到冷战时期的反殖民运动、巴勒斯坦解放组织对犹太人定居点的袭击、日本红军的革命运动，20世纪末各国内部由于宗教和政治意识形态原因出现的爆炸、屠杀（如俄克拉荷马城爆炸案、奥姆真理教毒气案、车臣人质危机等），以及进入新千年后集中于宗教激进主义发动的袭击等。通过初步剖析，我们不难发现这些恐怖主义袭击与群体性事件有类似的起因，但其烈度与短时间造成的心理冲击则远超一般的公共安全问题。

7.2.1 恐怖袭击的特征与实施

恐怖袭击的首要目的自然是散布恐惧，其次是利用恐惧达到其他目的。虽然袭击的最终目标是传达某种极端信息，但若没有恐惧的承载则无法算作成功的袭击，因此恐怖信息传播的广度和深度也可以看作对袭击效果的测量标准。若我们接受这些标准，则可以总结出一些恐怖袭击的特征，也可以提前辨别公共安全的脆弱环节并作出一定预备。

根据马里兰大学的"全球恐怖主义数据库"（Global Terrorism Database)[5],近几年伊拉克和阿富汗的恐怖袭击数量以及死亡人数从未跌出世界前三,印度和巴基斯坦也常常排列第二或第三名,但当事国之外地区的一般民众很少会因为这些袭击受到较大的心理震撼,反而是偶尔发生在榜上"无名"的发达国家的袭击给人带来很大冲击:2015年巴黎恐怖袭击后世界各国的标志性建筑都打上代表法国的蓝白红三色以示声援,"9·11"事件后几乎全球的政治和宗教关系都有了极大改变。

除了拉美、东欧、中东、撒哈拉以南非洲、南亚/西亚等常年动荡地区外,2017年的恐怖袭击主要且均匀分布在没有战争威胁的美国本土和西欧各国,而同样没有战乱的人口大国,如中国、巴西、澳大利亚仅有少数几起恐怖袭击。纵观45年来的恐怖袭击情况,也可以看到类似的分布,即西欧和美国集中了战乱地区以外的相当一部分恐怖袭击。

恐怖分子选择在这些地点和时间发动恐怖袭击并非一时脑热,而往往是经过多重权衡之后的决策。战乱地区武器较易获得,有很多渠道向恐怖组织提供资金支持,也几乎不存在有效的行政力量维护秩序,所以这些地区的恐怖袭击数量居高不下,以致成了战争手段的延伸。然而社会舆论对战乱地区的暴力事件相对比较麻木,恐怖分子仍然希望能在发达国家或地区的人口密集处发动袭击,以更大程度散播恐惧。首先,这类袭击可以打破和平地区人们脑海中"远离动荡"的认识图景;其次,日常生活中很少见到的血腥和伤亡场景对目击者的刺激巨大,全球媒体也多将目光集中于这些经济领先的地区和城市。甚至连日期的选择也属于恐怖袭击计划的一部分,比如各类节假日、纪念日和有意义的数字(如911是美国的报警电话)等,均是为了给人们留下深刻印象。

在战场之外的地区发动恐怖袭击的成本和风险非常高,原因包括发达国家较为强大的执法机构和情报能力、对军用武器和弹药的管制、与极端组织根据地的地理距离等。因此,国际恐怖分子在同样面对高额成本的情况下,只得将目标压缩于美国、西欧等对全球经济剥削有颇多"贡献"的地区,同时欧洲较为"破碎"的版图、美国民间泛滥的枪支也很可能对本土的恐怖分子起到了鼓励作用。

7.2.2 媒体的作用

即使恐怖袭击发生在人口稠密地区或集会场所,直接目击者的人数恐怕也难以过百或上千,因而恐怖分子仍需要利用各种渠道散播消息。无孔不入的现代媒体恰恰是现成的工具:新闻媒体对突发性和震撼性事件的追踪报道与恐怖分子的期待不谋而合,袭击后蜂拥而至的媒体记者又会通过电视、广播、网站、社交网络、自媒体、报纸等多重渠道把这一严重破坏公共安全的信息散布至世界各个角落[12]。高清晰多媒体技术的发展也将现场的血腥影像如实且即时地展现在每个人的手机和电脑屏幕上。若袭击事件有党派政治参与,或者发生地点的选区比较敏感的话,不同政党或政治团体也会利用该事件在媒体上相互攻讦，变相帮助恐怖分子在媒体上推高热度和延缓降温。例如美国每次大规模枪击案后，拥枪派与禁枪派都会借题发挥，围绕"好人持枪/坏人禁枪"和"宪法第二修正案"等不可证伪的问题争论不休，无意间却是在不断帮助恐怖分子撕裂社会。

很多学者、决策者、媒体从业者也都意识到了媒体在恐怖袭击中的"帮凶"地位，并开始反思新闻自由和公共性的边界。身为记者兼学者的特里·安德森（Terry Anderson）早在1993年的一篇文章中就讨论到，面对恐怖主义与媒体的复杂关系时，我们是否需要对媒体内容增加审查，以及谁应主导这类审查以平衡公众的知情权和媒体的社会责任[13]。在比较传统的社会，政府被赋予较大的管治权力，因此以行政手段审查此类媒体内容属于比较容易被接受的选择；而在美国这类深受恐怖主义危害、却受到"有限政府"的民众舆论压力的情况下，行政和司法力量不得不借用一些其他名义来封堵不合时宜的媒体报道，比如国家安全、隐私保护等。社交网络平台也同样有类似顾虑，如脸书和推特屏蔽极端组织和个人的账号或者删除较为血腥的内容后，也常常受到民间的抨击。对相关问题的讨论中也时常出现"媒体自律"的呼吁，但在缺乏系统性的奖惩机制时，受政治和资本控制的媒体很难有足够的动力去自我设限。

7.2.3 城市恐袭的预防与应对

现代城市作为没有围墙的人口聚集地几乎必然会成为恐怖袭击的首要目标，城市的密度、空间利用、功能、人口多样性等因素与暴力袭击的"人为"本质相结合，又极大推高了风险应对的复杂性。包括大规模枪击案件在内，给社会稳定带来风险的"敌人"在袭击发生之前都可能是人群中看似合法平静的个体；袭击除了直接杀伤人员之外，对整个社会的冲击也远远超过一般刑事案件。因此决策机构不应仅依靠军事或准军事力量来应付城市恐袭，而应当通过综合性的公共安全手段在整个风险过程中采取措施。

1）源头与风险控制

公共安全风险与自然灾害或技术危机的一个重要区别是其背后若隐若现的政治和经济问题。因此，对此类风险的防控需要回到问题的根源本身，从源头控制公共决策的方向与实施，是预防、消解恐怖袭击与一般群体性事件最根本的方式。发生在1995年俄克拉荷马城的爆炸案是"9·11"事件前美国本土发生的最严重的恐怖袭击，发动袭击的罪犯虽然身为美国陆军退役士兵，却对联邦政府在1993年得克萨斯州的"韦科惨案"（Waco Siege）中的表现极度不满，故计划在惨案结束2周年当天摧毁一幢联邦建筑并尽可能造成更多伤亡以表明态度。

"韦科惨案"源于烟酒枪炮管理局和联邦调查局对邪教组织"大卫教

派"的一系列不当处置，比如决策寡断、情报不足、信息泄露和武器装备失误等。在惨案后，联邦机构对那些向"大卫教派"表示同情的同情者防备不足，所以俄城爆炸案的主犯和帮手们得以较为轻松地谋划、袭击并收集武器和工具。在"9·11"事件后西方发起的反恐战争也常被一些学者和媒体批评为治标不治本[14-15]，因为西方的经济剥削和政治干预推动相当一部分伊斯兰教徒倒向信奉原教旨主义的组织；包括塔利班、基地组织、与伊斯兰国关系复杂的叙利亚反政府武装也均是由西方国家打着反抗独裁和暴政的旗号而资助成立的军事机构。世俗政权倒台后的权力真空、经济凋敝、失业人口使得宗教极端分子有了绝佳的机会来扩大影响，并利用民族主义激化社会对立。当决策者对宗教、民族、种族关系处理不好时，也会有新的极端分子出现在西方国家的本土，以圣战、反恐、反移民的旗号实施恐怖袭击。

在国际恐怖主义的威胁下，要求城市风险决策者采取手段平衡国际关系这基本难以实现——越过国家代表直接接触外国组织甚至有叛国的嫌疑。但在第4章开头我们提到的灾害公式或许可以为我们提供一些解决思路：灾害（Disaster）＝危险（Hazard）× 脆弱性（Vulnerability）。以危险而论，从造成潜在冲突的国际政策到具体的恐怖袭击事件之间仍有很长的一个过程，在此期间决策人员可以采取一定行动以降低危险：譬如在社区事务中避免群体间矛盾的积累，以防任何一方的某些个体加入极端组织或接受极端信仰；为青少年、低收入家庭、新移民或难民提供文体活动、教育机会、工作培训等以减少心智不成熟、社会化不完全、无所事事或感觉被社会抛弃的人数；在合法权限内加强监督当地的物流、人员流动、信息交流以捕捉袭击行动的线索；加强与上级（如联邦或国家）情报机构的合作，包括共享信息和设立协调性、分支性机构以期在袭击筹划阶段将其遏止。而从脆弱性角度来看，城市社区对一般灾害的抗性与韧性在防范恐怖袭击方面并无巨大差异，同样需要对重点建筑物、场馆、基础设施进行额外保护，为应急力量提供足够资源和相应的培训，鼓励并引导社区自救，规划塔楼和大规模疏散，以及对社会脆弱群体提供特殊资源等。

2）部门间协调

恐怖袭击的危害之一在其突发性，即短时间内带来大量伤害和损失；但恐怖分子对无辜平民和民用设施的袭击，又会使得整个社区形成同仇敌忾的气氛——有别于同为公共安全问题的群体性事件。这两个特征（爆发的救援需求和高涨的民意）要求决策者们作出精准且快速的应对，更需要政府部门和相关组织能如同运转良好的机器一样迅速协同执行决策。但可惜这类袭击事件中权威部门的表现常常难以达到预期，甚至造成新的悲剧。在1972年的慕尼黑惨案中，德国警察多个部门的协调和通信出现各类失误，甚至有部门违反命令擅自撤退，最后造成人质全部死亡的最坏结果；轰动全美的哥伦拜恩枪击案（1999年）中多处警力出动，但彼此间几无有效的通信和协同，甚至一直无法确定枪手的位置和人数，在特警队赶到前没有任何执法人员冲入学校，而此时枪手自杀已经有一段时间；"9·11"事件中参与救援的消防员来自当地和临近多个消防队，但各队并未统一指挥职权，也未和警察和救护部门建立有效联系，同时由于通讯电台故障，冲上北塔的消防员既不知道南塔的坍塌，也未接到撤离命令，最后有 343 名消防员殉职[16-17]。美国缺乏跨部门协调的问题源于历史上主导公共安全的不同性质的力量，包括冷战时期属于军事职能的民防（Civil Defense）系统、持续在救灾和戡乱中起重要作用的国民警卫队（等同民兵预备役）、雇佣兵（安保）组织、准军事的海岸警卫队辅助组织、隶属地方政府的警察和消防部门、民间的义工组织、宗教和非营利组织等。各个组织由于历史原因往往使用不同的通信和管理方式——军队有不同于地方的代码和通信波段；警察部门使用的"10 位码"（Ten-Code）甚至连不同城市的警察局之间也有很大出入；消防、急救等部门也会在交谈中使用大量缩略语，若不经过长时间培训则听起来和暗语密码无异。在若干重大灾害之后，各国政府或有识之士均意识到一个固定且统一的协调框架的重要性，也在实践中大致形成至少两类协调方式：事件协调和机构重组。

基于事件的协调方法是对每次袭击或灾害应对中"各自为政"问题的直接反应。现代政府作为"科层制"的官僚机构实际上自带协调功能，但在同级部门职能重叠或冲突时，需要通过行政程序向上级反馈，再由上级发布命令以解决问题。这种流程看似条理分明，但耗时耗力，需要经过一系列的正当程序，除非利用一些"潜规则"或"灰空间"，否则在分秒必争的袭击和灾害应对期间时常来不及作出高效的反应。美国联邦政府提出的解决方案就是第 5 章提到的"事件管理系统"（Incident Management System，IMS），以事先制定的协调制度对备灾和救灾机构/人员加以培训和组织各个类型的演练，灾害来临时所有应急人员无论什么样的职业背景都可以立刻找到自己的位置并开始协同作业。这个系统源于加利福尼亚州饱受山火磨炼的消防实践，后在联邦危机管理局（FEMA）的推动下形成了"国家事件管理系统"（National Incident Management System，NIMS）的制度性标准，并向全美的各类应急组织推广。NIMS 为各个级别、各个组织、每个管理者和救灾队员提供了各类培训、资源配置、组织框架等准则以帮助制定符合当地情况的 IMS。在实际操作中，每一个 IMS 都有一个固定的指挥官或指挥中心，而这个人一般是首个抵达现场的应急人员，之后再向后来增援的更高级别队员/官员移交职权；指挥官需要立刻分配任务给四个职能分类——行动、规划、物流、财务，在人数较多时指挥职能中还需包括协调人、安全官、通信交流等职位；任务执行过程中的移交、轮替、重组等动态要求也都有具体的流程⑥。

联合国人道主义事务协调办公室（Office for the Coordination of Humanitarian Affairs，OCHA）也为各类灾害，包括恐怖袭击等人道主义危机的应对提供了一套协调方案，名为"集群方法"（Cluster Approach）。这套方法与IMS或各国各政体自己的应急协调系统并不互斥，甚至可以互为补充，在当地没有协调制度时更能发挥作用。集群方法也包括类似总指挥的战略和政策职能，下面也安排有规划和行动的协调单元，而在最基本的执行层面则是由具备一定独立性的"集群"单元和"集群搭档"（Cluster Partners）组成。这套系统可以纵向囊括各级政府和危机管理权威机构，上至国家政府，下至地方行政，连同国际救援组织和联合国机构都可以被纳入同一套执行标准中（图7-1）。

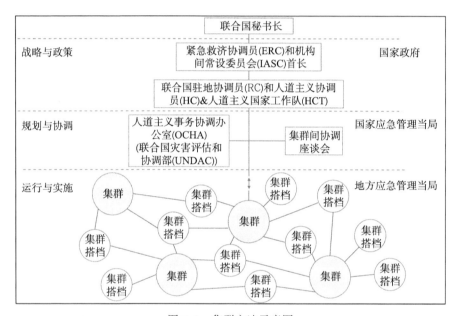

图 7-1　集群方法示意图

注：ERC=Emergency Relief Coordinator；IASC=Inter-Agency Standing Committee；RC= Resident Coordinator；HC=Humanitarian Coordinator；HCT=Humanitarian Country Team；OCHA=Office for the Coordination of Humanitarian Affairs；UNDAC=United Nations Disaster Assessment and Coordination。

如果把基于事件的协调框架看作"一次性"的解决方案，则机构重组算是相对"永久性"地改变了科层结构，即通过正式的官僚机构改革把需要协调的部门纳入统一轨道。比较明显的例子就是美国在"9·11"事件后成立的国土安全部（Department of Homeland Security，DHS），该部门将美国境内的安全职能几乎全部收编（联邦调查局/FBI除外），包括危机管理局（FEMA）、公民及移民服务局（USCIS）、交通安全局（TSA）、海岸警卫队（USCG）、移民及海关执法局（ICE）、特勤局（USSS）等六个部门。中国在2018年组建的危机管理部也沿用了近似的理念，将全国的灾害和危机管理相关的职能部门纳入一个机构以便于协调和运行，吸收了原本按不同行业分头成立的安全保障机构。这类垂直型的重组有时也会受到批评，比如《华盛顿邮报》在2008年就抨击成立国土安全部这种做法，指其在臃肿科层上再加一层官僚机构实则增加了浪费而降低了执行力[18]。

在地方层面的机构重组，尤其是在联邦制下的美国地方机构中，较难见到像国土安全部或应急管理部这样垂直型的改革，更多出现的则是相对水平式的协调，比如由州政府和各类地方政府（如市、镇、郡、特别区等）出资成立的兼有行政和非营利组织特性的协调机构——政府/区域议事会（Council of Governments，CoGs）。另外也有一些专业性或政治性的社会组织为具有相似背景的地方领袖提供社交网络平台，协助他们在具体的公共事务（如公共安全）中互通有无。学界的一般观点认为水平型协调机构的响应性（Responsiveness）在机构成员遵守规则的情况下会更高，垂直型的机构改革则更符合韦伯的"理想型官僚机构"的结构，在外部条件变化不剧烈时的表现会比较可靠[19-20]。

第7章注释

① 枪击事件（Active Shooters）在美国也属于比较热门的公共安全议题，但并不适用于枪支管控较为严格的国家和地区，故本书未作单独讨论。
② 对于科学发现本身的信念也属于"不可证伪"的类别，因其基于对观察的认可和基本逻辑的无条件接受。
③ 参见 Texas Labor Code, Chapter 101: Labor Organizations。
④ 参见 Texas Government Code, Chapter 617: Collective Bargaining and Strikes。
⑤ 参见 https://www.start.umd.edu/gtd/。
⑥ 参见 https://www.fema.gov/national-incident-management-system。

第7章参考文献

[1] SWENSON K. Black-clad Antifa members attack peaceful right-wing demonstrators in Berkeley[EB/OL]. The Washington Post（2017-08-28）[2019-08-28]. https://www.washingtonpost.com/.

[2] BEALE A, KEHRT S. Behind Berkeley's semester of hate: when far left meets far right, sparks fly. Students from both sides discuss their political journeys[EB/OL]. The New York Times（2017-08-04）[2019-08-28]. https://www.nytimes.com/.

[3] TUCKER J, VEKLEROV K, JOHNSON L, et al. Yiannopoulos visits Sproul for 15 minutes; UC Berkeley spends $800,000[EB/OL]. San Francisco Chronicle（2017-09-24）[2019-08-28]. https://www.sfgate.com/.

[4] DERUY E, HANSEN L, WHITE L P. UC Berkeley's "Free Speech Week" officially canceled, appeared to be set-up from the start[EB/OL]. The Mercury News（2017-09-25）[2019-08-28]. https://www.mercurynews.com/.

[5] JUDD D R, HINZE A M. Chapter 6: the city/suburban divide[M]//JUDD D R, HINZE A M.

City politics: the political economy of urban America. New York: Routledge, 2019: 156.

［6］Anon. Striking Canada post workers reluctantly return to work［M/OL］. Toronto: The Canadian Press（2018-11-27）［2019-08-28］. https://montreal.ctvnews.ca/.

［7］JUDD D R, HINZE A M. City politics: the political economy of urban America［M］. New York: Routledge, 2019.

［8］SAMUELS A. Teachers in other states are striking. Texas teachers can't do that［EB/OL］. The Texas Tribune（2018-04-05）［2019-08-28］. https://www.texastribune.org/.

［9］远生, 牧涛. 加拿大邮局被强制复工！更糟糕的事可能在后面［EB/OL］. 51新闻（2018-11-26）［2019-08-28］. https://info.51.ca/.

［10］CHALIAND G, BLIN A. The history of terrorism: from antiquity to al Qaeda［M］. Berkeley, CA: University of California Press, 2007.

［11］LAQUEUR W. A history of terrorism［M］. New Brunswick, NJ: Transaction Publishers, 2011.

［12］WILKINSON P. The media and terrorism: a reassessment［J］. Terrorism and Political Violence, 1997, 9（2）: 51-64.

［13］ANDERSON T. Terrorism and censorship: the media in chains［J］. Journal of International Affairs, 1993, 47（1）: 127-136.

［14］JACKSON R. Writing the war on terrorism: language, politics and counter-terrorism［M］. Manchester: Manchester University Press, 2005.

［15］BUZAN B. Will the "global war on terrorism" be the new Cold War［J］. International Affairs, 2006, 82（6）: 1101-1118.

［16］McKinsey & Company. McKinsey report: FDNY 9/11 response［EB/OL］.（2002-10-23）［2019-08-28］. https://www1.nyc.gov/assets/fdny/downloads/pdf/about/mckinsey_report.pdf.

［17］Anon. NY firefighters attack Giuliani［EB/OL］. BBC NEWS（2007-07-12）［2019-08-28］. http://news.bbc.co.uk/.

［18］HEDGPETH D. Congress says DHS oversaw $15 billion in failed contracts［EB/OL］. The Washington Post（2008-09-17）［2019-08-28］. http://www.washingtonpost.com.

［19］OUCHI W G, JAEGER A M. Type Z organization: stability in the midst of mobility［J］. Academy of Management Review, 1978, 3（2）: 305-314.

［20］VOLBERDA H W. Toward the flexible form: how to remain vital in hypercompetitive environments［J］. Organization Science, 1996, 7（4）: 359-374.

第7章图表来源

图7-1源自：Office for the Coordination of Humanitarian Affairs. United nations disaster assessment and coordination: UNDAC field handbook（7th edition）［EB/OL］. United Nations（2018-09-28）［2019-08-28］. https://www.unocha.org/sites/unocha/files/1823826E_web.pdf.

表7-1源自：笔者绘制.

8 税收、地方经济以及公共财政风险

概括地说,政府所履行的财政职能为:宏观调控(Stabilization)、收入分配(Distribution and Redistribution)以及资源配置(Allocation)。宏观调控职能指的是政府使用货币政策或者财政政策达到降低失业率以及增加经济增长的作用。其中财政政策的首要手段就是以税收收入以及政府开支来达到影响经济的目的。收入分配职能是政府在社会福利上所起的收入再分配职责,通常是由高收入人群再分配到低收入人群。资源配置则指政府对于市场的介入以达到资源最优分配的目的。

税收的目的是为了矫正市场失灵的问题,体现为政府凭借政治权力并按法定标准向社会成员强制、无偿地征收的一种财政收入。作为各国政府获得收入的基本形式,税收具有三大特征:强制性、无偿性、固定性。虽然任意一种税收都会影响生产者以及消费者的盈余且造成无谓损失(Deadweight Loss),但社会有三种需求决定了税收的必然性:公共利益的需求,经济发展的需求,以及政府行使行政权力的需求。首先,从经济学的角度来讲,当经济效用较低时,一名理性的经济人(Homo Economics)是不会倾向于为公共利益主动付费的。萨缪尔森早在1954年就指出了市场无法提供最优的公用产品。所以,社会需要一个强有力的税收制度来提供公共物品(如国防、灯塔等公共服务和设施)。其次,税收对于国家宏观调控以及平衡各地区经济发展起着重要的作用。具体到我国来讲,对于上海、浙江、广东、北京等经济发展较好的东部地区,中央政府的转移支付额度相对较低。而西藏、宁夏、青海、甘肃以及新疆等西部地区对转移支付依赖程度较高。最后,基于政治权利和法律规定,税收为政府的维持和公共职能的实现提供了必需的财政资源。

8.1 地方财政学基础理论

狄博特模型[1]被公认为地方(城市)财政的奠基理论之一。从个人行为角度出发,狄博特模型认为人们会选择到最能满足他们经济效用的地区去居住,且人们的经济效用取决于该地区的公用产品支出以及税收是否与他们的需求平衡。当一个人发现另外一个地区提供的公共产品与他的偏好更加接近时,那么他/她就会"用脚投票",迁徙到该地区。所以,在狄博特模型中,地方政府可以按照居民的偏好和所拥有的资源禀赋，达到公共产品的最优化供给，且在公共物品的配置上不逊于市场机制。在完全竞争的条件下，狄博特模型有以下几个假设：① 居民有完全的迁徙能力，且不受其他因素（如工作机会）影响；② 居民对于所有地方政府的公共物品支出以及税收的组合有全方位的认知；③ 公用产品没有溢出性（Spill-Over Effects）；④ 地方政府的数量趋于无穷多。

可以确定的是，狄博特模型对于地方财政学的研究产生了重要的影响。首先，此模型提出了公用产品市场的假设（Public Good Market）。其次，狄博特模型为财政分权、联邦财政主义以及政府间竞争的研究留下了基础的理论框架。虽然该模型的四个假设在现实中几乎不存在（尤其是前三点），但其率先提出了制度设计在影响公共物品供给中的重要性。

在狄博特模型的基础上，经济学家奥茨[2]对该模型提出了修正，且对财政分权的制度作出了实证分析。奥茨指出，在提供公共物品时，中央政府的责任应该只局限于提供给居民偏好一致的公共物品（如国防、海关、高速公路），而异质性较高的公共产品供给应交于地方政府。奥茨认为财政的中央与地方分权可以最优化公共产品的配置。相对于中央政府，地方政府对于本地民众的偏好和需求更加了解，所以能够根据本地的具体情况来提高供给效率。

在国内外学者的共同努力下，地方财政学已经发展成为一门包含经济学、政治学、社会学及公共管理等多学科的研究。然而，在本学科当中，有两个严肃的问题需要我们考虑。其一是如何通过财政政策或改革来支持可持续的经济发展？发达国家已经到了长期性经济停滞的瓶颈期，像中国这样的发展中国家如何才能保持稳定的经济发展？其二是在全球经济发展不确定的情况下，政府应该采取什么样的税收以及预算制度来规避风险？

8.2 中美财政体制

美国作为联邦制国家，与中国相比一个显著的不同点是财政的高度分权。换句话说，各级政府都有明确的事权以及财权，更享有独立的税收立法权。以主要税种为例，中国的主体税种是增值税，也是流转税的一种。我国使用流转税为主体税种的原因主要包括如下几点：① 经济发展总体水平有待进一步提高，若以所得税为主体税种则很难维持国家总体的财政收入；② 流转税征收方便，适用于我国国情；③ 由于流转税不面向储蓄收益，有助于提高国民储蓄水平。而美国的主要税种包括：个人与企业所得税（联邦政府），消费税（州政府）以及财产税（地方政府与州政府）等。对于地方政府来说，财产税（Property Tax）的比重是最大的，原因为：① 由于其逆周期性，财产税给地方政府持续提供稳定的收入；② 由于税基的存在，逃避财产税是不可能的；③ 保证地方政府市政债券的偿还能力；④ 提升地方政府的财政自主权[3]。

中国是单一制国家，由二十三个省、四个直辖市、五个自治区以及两个特别行政区构成。自新中国成立以来，我国的税收制度可以用三个阶段来概括。第一阶段为1949年到1978年（统收统支体制）。在此阶段，包括责任划分、收入划分以及财政转移支付等重要财政职能都由中央政府负责。在新中国成立初期，国家财政面临着比较严重的挑战，统收统支的体制集中了全国的财力以解决国家的财政困难问题。在此种高度集中和统一的体制下，地方政府只是中央在地方上的一个派出机构，并未拥有相对独立的财权。所以，发展地方经济的积极性在某种程度上被压制。此阶段的财政特点为：强中央，弱地方。

第二阶段为改革开放到1992年。此阶段的税收体制受到对内经济体制改革以及对外开放政策实施的双重影响。到1992年，我国的税收体制已经变成一个由20多个税种所组成的多税种、多环节征收，且适应计划商品经济体制发展要求的税制体系。从20世纪80年代中期开始，我国的税收体制开始实行"分灶吃饭"，即一部分税收上交中央，一部分税收归于地方，且对于中央和地方的支出范围的责任制有明确的划分。"分灶吃饭"刺激了地方发展的积极性，所以地方经济的发展速度很快。然而，由于地方保护主义的兴起，中央财政开始出现捉襟见肘的现象，财政迅速吃紧。此阶段的财政特点为：强地方，弱中央。

第三阶段为1993年至今的税收体制。分税制是我国在1994年开始实施的一项重要的财税体制改革，对中央和地方的财政关系、税收分配制度以及税收结构作出了大规模的调整。概括地说，分税制对中央和地方的事权支出以及收入进行了明确的划分。在事权划分方面，中央政府负责国家安全、外事与外交、经济的宏观调控以及中央政府与机关的运转；地方政府则主要负责本地区政权机关的运转以及经济发展所需支出。分税制改革后，我国的税种被划分为中央税、地方税以及中央和地方共享税。其中，地方税收包括营业税（银行总行、铁道、保险总公司的营业税除外）、城建税（银行总行、铁道、保险总公司的营业税除外）、地方企业所得税、个人所得税、城镇土地使用税、房产税和土地增值税等。共享税包括增值税、资源税以及证券交易税等。其中，增值税的比例为中央占有75%，地方占有25%。

分税制对于我国的财政以及经济都有深远的影响。从宏观经济的方面来讲，分税制提高了财政收入占国内生产总值（GDP）的比例。换句话说，政府对国民财富的征税比例（Tax Effort）上升了。数据显示，税收与GDP的比例在1994年为10.84%，到了2007年，此比例上升至20%。再者，分税制为我国宏观调控的行政模式奠定了基础。从财政的角度上来说，中央政府对地方的控制并不完全来自行政阶层的关系，更为实质性的是一般转移支付和专项转移支付的资金。此举增强了中央宏观调控能力。从区域经济学的角度来讲，分税制是一个刺激中国地方经济发展的激励机制。在经济发展与地方财政收入呈正相关的前提下，地方政府的行为更加市场化，而不仅是一个纯粹的公共物品提供者。

在认识到分税制改革所带来的优势时，其所带来的风险也不应该被忽视。首先，我国分税制最大的缺陷是各级政府之间的事权以及财权分责不明确。换句话说，地方政府的财权和事权不统一：地方政府的收入不足以完成地方政府所需要承担的责任[4]。我国的分税制改革造成了"税收层层上缴，支出级级下移"这一财权事权相背离的现象，容易导致地方政府的财政陷入困境。第二，政府间转移支付存在着许多问题，其中最显著的两个问题为：需要完善的转移支付制度以及科学核定的转移支付额度。前几年的"跑部钱进"问题暴露出专项转移支付和一般性转移支付的划分不清、信息不透明以及比重不科学三大问题。直到2015年国务院出台了《关于改革和完善中央对地方转移支付制度的意见》，才明确了我国转移支付制度的具体措施以及严格控制转向支付的系列举措。

8.3 财政风险

何为财政风险？财政风险可以分为短期和长期两类。短期的财政风险大多数由宏观经济调整构成，而长期的财政风险大部分由预算和税收结构失调导致。财政风险由于程度以及界限的变化，很难从学术的角度上提供一个全面的定义。按照传统的收支平衡原则，当地方政府的预算收入与预算支出之差为负值的时候，那么财政风险就已经构成了。从现有的文献中来看，有的侧重于传统的收入风险、支出风险、赤字风险，有的侧重于政府的债务风险。综合来说，财政风险的定义为"政府拥有的公共资源不足以履行其应承担的支出责任和义务，以至于经济、社会的稳定与发展受到损害的一种可能性"[5]。具体来说，当地方政府无法再以扩大赤字的模式来扩大支出，或不可能再通过借债维持或扩大支出，那么财政危机就会爆发。这种风险或财政危机会渗透到社会、经济以及政治领域，且会造成经济衰退和社会动荡。

8.3.1 我国地方政府的财政风险

概括地说，我国地方政府债务财政风险的构成因素有二：财政入不敷出以及收入结构不合理。首先，在2008年全球经济危机后，我国大部分地级市的财政支出的增速大大超越了财政收入的增速。部分地级市在2009年的财政支出增速超过收入增速的100%。因此，在收入远远落后于支出的情况下，地方政府的负债规模上升，使地方财政的财政稳定性受到更多的挑战。地方财政收支缺口加大的主要原因为分税制改革以及在2012年起实施的"营改增"。我国分税制关于政府间财权和事权的花费只涉及中央和省级政府，却对省级以下政府的事权没有明确的规定。

所以财权事权不对称以及收支矛盾的问题在省级以下地方政府极为普遍。在2012年前，作为地方税收的主要税种，营业税对于地方政府财政有着举足轻重的地位。然而，在推行"营改增"后，营业税被增值税所代替，且只共享25%。此举导致了地方收入规模大幅度降低，从而加剧了地方政府的收支风险。

其次，我国地方政府存在财政收入结构不合理的情况。部分地方政府对土地财政的收入依赖程度过高。根据财政部的数据，2014年全国土地出让收入为42 940.30亿元，占全国财政收入的30.4%，占地方财政收入的56.2%。换句话说，土地出让收入是地方财政收入的主要来源。有学者认为土地财政与地方政府融资平台的使用息息相关[6]。

地方政府融资平台是地方财政重要的支出之一，也是地方政府投资的重要载体。到2009年年底，全国大约有5 000个融资平台，审计范围内全国省市县三级融资平台占比分别为2%、24%和74%。为了响应中央4万亿投资计划，大多数投资平台与地方政府在土地一级开发整理和市政建设上投入了大量的资金。然而，由于项目受商业周期影响，地方政府投资项目的经济效益没有保障。如高速公路以及铁道等基础设施，投资回收期一般都在十年以上。为了刺激经济增长，有些地方政府把基础设施建设提前，结果导致了这些基础建设超过了经济发展的需要，出现了供大于求的情形[7]。到2010年年底已有1 734家融资平台出现溃散，以至于地方政府不得不出具担保函或者承诺在融资平台无法偿还债务的时候提供临时性偿债资金。这种过度增加信用的行为（Credit Enhancement）实际上加剧了融资平台的偿债风险。举例来说，由于之前对于经济增长的过度追求，包头市2017年的负债率超越了该市的GDP总值。结果是，包头市不得不取消了大约320亿元的地铁项目。根据国家审计局的数据，表8-1列出了2014年最依赖土地财政的10个省市。

表8-1 省级土地财政收入占比排名

排名	省份	土地偿债规模（亿元）	土地偿债在政府偿还责任债务中占比（%）
1	浙江	2 739	66.3
2	天津	1 402	64.6
3	福建	1 065	57.1
4	海南	520	56.7
5	重庆	1 560	50.9
6	北京	3 601	53.0
7	江西	1 022	46.8
8	上海	2 223	44.4
9	湖北	1 762	42.8
10	四川	2 126	39.7

8.3.2 美国地方政府财政风险案例

本节通过密尔沃基（Milwaukee）和基林（Killeen）两个案例来阐述美国地方政府财政风险的基本特点。

在 2000 年，密尔沃基的财政表现很好，失业率为 3.8%，且预算都有剩余。然而，在 2006 年以后，该市出现了财政紧缩的现象。其中有三个原因：第一，像底特律一样，该市的主要产业为制造业，在 2001 年后的金融危机开始后，由于人工成本居高不下以及利润的降低，一些制造业离开了本地，导致失业率上升。到 2001 年，密尔沃基的失业率已经达到了 5.8%。第二，威斯康星州政府在消费税上的分税比率上降低了地方政府所占的份额。虽然州法律规定，在 4% 的州消费税中，前 21.3% 的部分是按照当地人口与地方政府共享的，但在 2002 年，与地方政府共享的这一税收比重从 21.% 下降到了 15%。换句话说，州政府对于地方政府的转移支付采取了紧缩的政策，加剧了地方政府财政苦难的局面。第三，2008 年的次贷危机发生后，房地产市场的崩塌导致房价断崖式下降。对于密尔沃基来说，当作为最主要的税源——房产税持续下降时，如何保持公共服务数量以及质量的稳定变成了该政府所面临的最大挑战。

地方官员是如何应对这个财政挑战的呢？2011 年的问卷调查[8]显示，大部分地方政府的首要应对措施为：降低政府的非必要性服务（Non-Essential Services），包括社区公园、图书馆以及其他服务。公共安全、经济发展以及社会福利等必要开支则大多被保留。这份问卷最重要的一个发现是：该政府对于资本支出（Capital Expenditure）的额度大幅度地降低。市政府的资本支出主要是用于支付基础建设的开支以及支付政府发行市政债券本金以及利息的部分。

与纽约、洛杉矶、华盛顿等经济或政治中心相比，基林并不出名。即使是在美国出生的人，也少有人知道基林这所坐落于得克萨斯州中部的城市。基林与胡德堡陆军基地都隶属贝尔县（Bell County），所以基林相当一部分的居民都是在当地就业的退伍军人。在 2018 年，基林的名字却开始在媒体中频繁地出现，得克萨斯州的立法者通过一项给予 100% 伤残①的退伍军人免除房产税的优惠政策，且在 2011 年把这项优惠政策延伸到了这些军人的遗孀。出于对仕途的考量，这项法案得到了几乎所有立法委员的支持。然而，在州政府这一层面所通过的法案，对于地方政府财政却有着不可估量的负面影响。

这项法案通过之后，基林的财政状况一直令人担忧。在 2009 年，整个市域符合这一优惠措施的房产数量为 771 套，而到了 2018 年，共有 7 403 套房产不需要缴纳年度房产税。也就是说，仅仅是这一项政策就导致该城市 11.3% 地产税税基流失。在 2017 年，基林全市的地产总价为一亿三千一百万美元，然而其中价值一亿两千四百万美元的地产由于这一政策并不计入税基。这就导致基林市流失了大约五百三十万美元的地产税。这一损失在下一财政年预计为六百五十万，基林的政府官员不得不在已经紧缩的预算上减少公共安全领域的开支。

8.3.3 财政风险实证研究

1）税收挥发性

在地方财政学领域，近期很多学者开始致力于研究地方政府或其他非营利性组织的税收挥发性[9-17]。税收挥发性（Revenue Volatility）从某种程度上来讲，与公司金融学里的资本流动冲击（Capital Shock）有共同之处。对于研究私有部门的学者来说，研究税收挥发性的目的在于找到风险规避以及收益最大化的方法。然而对于政府以及非营利性组织而言，研究税收挥发性主要是从预算平衡的角度考量。按照渐进主义理论（Incrementalism），地方政府倾向于能有一个稳定的税收来源以保证预算平衡。然而，由于外生或内生的原因（如经济衰退和产业结构落后），保证可预见且稳定的税收来源只是地方官员的一厢情愿。

研究税收挥发性的动机为以下两点：① 税收挥发性加剧了微观意义上的不确定性，从而加剧了地方政府准备预算的难度；② 税收挥发性提高了地方政府的赤字风险。

很多实证分析采取了偏差值的计量方式来衡量税收挥发性这一概念[18-21, 12]。具体来说，税收挥发性等于预期值与实际值的差的绝对值。算得此值需要两个步骤，第一步为用最小二乘法（OLS）获得某地方政府的预期税收趋势线，然后得出预期值与实际值的差的绝对值。在面板数据的分析当中，此种计量方法的优势在于允许计量单位和时间的变化。下面的公式说明了此概念的计算方式：

$$RV_{it} = exp(a + \beta_{1t} + \beta_{2i}) \qquad (式8-1)$$

然而，此种计量方式的缺陷在于 OLS 的假设为最佳线性无偏估计（Best Linear Unbiased Estimator），也意味着预期值等于真值。然而，其他的估量值虽然会有些偏差，但是在做预测模型的时候会有更好的一致性（Consistency）及有效性（Efficiency）。在此类研究中，自回归条件异方差模型（Autoregressive with Conditional Heteroscedasticity）也许会更加适用于预测税收挥发性。

2）税收多元性

税收多元性的理论是从马柯维茨的现代资产组合理论（Modern Portfolio Theory）[22]中衍生出来的。现代资产组合理论指出厌恶投资风险的投资者应该分散投资对象，以达到减少个别风险以及盈利最大化的目的。乌尔布里希[23]提出了税收多元性的四大优点：① 由于社会经济地位的差距，每一个居民的购买力不同，多元化的税收可以提高税收公正；② 多元化的税收可以降低地方政府对单一税源的依赖性，从而提高税收效率（Tax Efficiency）；③ 可以避免税率过快提高；④ 可以降低地方政府的财政风险。对于地方政府来说，一个有待回答的问题是税收多元性能否减少地方政府的税收挥发性。一些实证研究表示税收多元性确实可以增加美国州政府的税收稳定性[24-27]。然而，在关于地方政府的研究当中，由于所研究的地方政府之间存在着本质性的区别，所以还没有完全一致的结论。

税收多元性的计量方式主要是通过赫芬达尔—赫希曼指数（The Hirschman-Herfindahl Index，HHI）来完成的。在宏观经济学和金融学当中，HHI 是用来衡量产业部门市场占有率的一个综合指数。HHI 也可以用作衡量政府税收多样化的程度。HHI 的计量方式如下：

$$HHI = (1 - \sum_{i=1}^{n} R_i^2)/(1 - \frac{1}{n}) \quad （式8-2）$$

此公式中，HHI 为衡量地方政府的税收收入多样化程度的指数，R_i 为任何一种收入占 N 种税收的比重。HHI 的值在 0 到 1 的区间，高数值意味着该政府的税收收入更多样化，反之亦然。对于我国省级政府来说，主要收入包括以下七大类：营业税，增值税，企业所得税，个人所得税，财产税，资源税，以及行为税类[28]。因此，从理论上来讲，最均衡的税制结构内个税类份额应为 1/7，即约等于 0.142 8。

虽然税收多元性的理论以及实证分析为地方财政风险的探测提供了新的方法，但是值得一提的是对于此理论的有效性以及正确性还没有统一结论。该理论一个重要的假设是系统性的风险（Systematic Risk）不存在。换句话说，不同的税源会对外生冲击因素作出不同的反应。然而，对于税收额度常常受商业周期所影响的公共部门来说，此假设是不成立的。实证分析表明：当商业周期的变化被控制时，税收多元化对政府的税收稳定性不呈统计显著[28]。

8.4 小结

当前，我国地方政府的财政风险问题已经成为主要系统性风险之一。在 2017 年的全国金融工作会议以及十九大报告中，地方政府的财政风险是一个被反复强调的问题。具体来讲，十九大报告中指出了以下问题的紧迫性：① 建立与时俱进的财政制度；② 建立透明及权责分明的中央和地方财政关系。在中国地方政府所面临的所有财政问题当中，最为严峻的问题之一当属地方政府的债务问题。自 2009 年开始，受美国次贷危机的影响，我国的经济开始迅速下滑。为了刺激经济增长，政府推出了"四万亿刺激计划"。虽然此计划促使我国的银行系统积极地放贷，并促进了我国经济的迅速回暖。然而，由于地方政府融资平台的快速膨胀以及相关的管理问题，地方债务问题开始突显。

如何通过削减支出、控制赤字、减少低效的投资达到降低债务存量的目的，应受到地方管治机构的重视。大部分实证研究都支持通过税收多元化达到稳定地方政府和稳定收入的目标。所以，地方政府和决策者应在发展经济的同时，考虑如何能降低对土地财政和转移支付的依赖程度。同时，地方政府还应积极地采取措施来化解债务风险。地方政府可以面向社会以更加标准和精确的方式公布债务信息。由于我国地方债务的法律法规缺失，我国并没有一个完善且有效的地方债务监控系统。在这方面，我国可以借鉴美国的权责发生制，将其作为提高政府效率和防范财政风险的重要手段。其次，我国的地方政府信用评级尚未成熟，需要在建立地方政府债券市场的同时，发展与国际接轨且符合中国国情的城市信用评级系统。

第8章注释
① 不同程度伤残的退伍军人享有不同比例的房产税优惠政策。

第8章参考文献

[1] TIEBOUT C M. A pure theory of local expenditures[J]. Journal of Political Economy, 1965, 64(5): 416-424.

[2] OATES W E. On local finance and the Tiebout model[J]. The American Economic Review, 1981, 71(2): 93-98.

[3] BLAND R L. Budgeting: a guide for local governments[Z]. [S. l.]: Intl City County Management Association, 2013.

[4] 曾军平. 政府间转移支付制度的财政平衡效应研究[J]. 经济研究, 2000(6): 27-32.

[5] 刘尚希. 财政风险：一个分析框架[J]. 经济研究, 2003(5): 4.

[6] 秦德安, 田靖宇. 地方政府融资平台研究综述[J]. 地方财政研究, 2010(4): 10-11.

[7] 郭杰, 杨杰, 程栩. 地区腐败治理与政府支出规模——基于省级面板数据的空间计量分析[J]. 经济社会体制比较, 2013(1): 196-204.

[8] SKIDMORE M, SCORSONE E. Causes and consequences of fiscal stress in Michigan cities[J]. Regional Science and Urban Economics, 2011, 41(4): 360-371.

[9] MAYER W J, WANG H C, EGGINTON J F, et al. The impact of revenue diversification on expected revenue and volatility for nonprofit organizations[J]. Nonprofit and Voluntary Sector Quarterly, 2014, 43(2): 374-392.

[10] YAN W. The impact of revenue diversification and economic base on state revenue stability[J]. Journal of Public Budgeting, Accounting & Financial Management, 2012, 24(1): 58-81.

[11] CARROLL D A, GOODMAN C B. The effects of assessment quality on revenue vola-

tility[J]. Public Budgeting & Finance, 2011, 31(1): 76-94.

[12] STALEY T. The effect of TELs on state revenue volatility: evidence from the American states[J]. Public Budgeting & Finance, 2015, 35(1): 29-48.

[13] CLAIR T S. The effect of tax and expenditure limitations on revenue volatility: evidence from Colorado[J]. Public Budgeting & Finance, 2012, 32(3): 61-78.

[14] CARROLL D A, STATER K J. Revenue diversification in nonprofit organizations: does it lead to financial stability[J]. Journal of Public Administration Research and Theory, 2008, 19(4): 947-966.

[15] KWAK S. Tax base composition and revenue volatility: evidence from the US states[J]. Public Budgeting & Finance, 2013, 33(2): 41-74.

[16] KWAK S. "Windows of Opportunity", revenue volatility, and policy punctuations: testing a model of policy change in the American States[J]. Policy Studies Journal, 2017, 45(2): 265-288.

[17] JORDAN M M, YAN W, HOOSHMAND S. The role of state revenue structure in the occurrence and magnitude of negative revenue variance[J]. The American Review of Public Administration, 2017, 47(4): 469-478.

[18] CARROLL D A, GOODMAN C B. The effects of assessment quality on revenue volatility[J]. Public Budgeting & Finance, 2011, 31(1): 76-94.

[19] CLAIR T S. The effect of tax and expenditure limitations on revenue volatility: evidence from Colorado[J]. Public Budgeting & Finance, 2012, 32(3): 61-78.

[20] CARROLL D A, STATER K J. Revenue diversification in nonprofit organizations: does it lead to financial stability[J]. Journal of Public Administration Research and Theory, 2008, 19(4): 947-966.

[21] AFONSO W B. Diversificaiton toward stability? The effect of local sales taxes on own source revenue[J]. Journal of Public Budgeting, Accounting & Financial Management, 2013, 25(4): 649-674.

[22] MARKOWITZ H. The utility of wealth[J]. Journal of Political Economy, 1952, 60(2): 151-158.

[23] ULBRICH H H. Nonproperty taxes[Z]//PETERSEN J E, STRACHOTA D R. Local government finance, 113-33. Chicago: Government Finance Officers Association, 1991.

[24] GENTRY W M, LADD H F. State tax structure and multiple policy objectives[J]. National Tax Journal, 1994, 47(2): 747-772.

[25] HARMON O R, MALLICK R. The optimal state tax portfolio model: an extension[J]. National Tax Journal, 1994, 47(2): 395-401.

[26] SUYDERHOUD J P. State-local revenue diversification, balance, and fiscal performance[J]. Public Finance Quarterly, 1994, 22(2): 168-194.

[27] YAN W. The impact of revenue diversification and economic base on state revenue stability[J]. Journal of Public Budgeting, Accounting & Financial Management, 2012,

24（1）：58-81.

[28] 徐涛,侯一麟.转移支付对地方财政收入稳定效应的实证分析——基于中国省市县三级面板数据[D].北京：清华大学,2010.

第 8 章图表来源

表 8-1 源自：中国经济研究院.

9 一点哲学思考

风险、规划、决策三个概念的内涵都具有很强的延展性，其广度在不同语境下对于不同的群体有不同的含义，而在深度方面也都可以自成一个学科。本书在有限的篇幅和范畴内对风险在（城乡）规划和决策的学科话语体系下的相关问题作了一定的探讨，力求为相关行业的读者提供一些不同的观察角度。在工作、求学和任教的过程中，笔者也时常思考这些概念和相关论点在认识论中的意义，虽然远未形成系统或有确定答案，但其也是笔者对这个话题的最基本的深度思考。

9.1 客观与意识之争

作为一个受过初等或初等以上教育的中国公民来说，我们往往都会对唯物主义、客观存在、马克思主义等名词耳熟能详；而参加过研究生入学考试的朋友们或许还会对历史唯物主义的一些论点更为了解。这些马克思主义相关的哲学理论虽然听上去有些无趣，但在当前实证主义和后实证主义相当盛行的社会科学研究中，有这些知识背景实为一大优势，因其对客观事实的假设和实践检验的逻辑可以为理解现行的科研方法打下良好基础。据笔者对美国高校的有限样本的不系统观察，在类似社会科学研究/调查方法这种被"抱怨不断"的哲学课程中，极少见到我国大陆出身的博士生会抱怨相关词汇晦涩难懂。但基于同样理由，在需要打破"客观事实"假设的课程和理论（如组织理论）面前，具有较为扎实的"马哲"相关哲学知识的群体就可能会面临很多难以突破的障碍。笔者当年选择了丽莎·迪克博士（Dr. Lisa Dicke）的组织理论课堂，其走进教室的第一句话就是"我不相信客观事实的存在"，这让我今天依然记忆犹新，当时着实无法即时理解。在后续的求学过程中，通过更加广泛的阅读和思考，才逐渐认识到所谓"唯心"和"主观"论点的复杂性与现实性，也在教学和研究工作中发现，实证主义与社会建构主义的冲突、媾和以至互补和交融在风险和规划决策中有着非常实际的体现。

9.1.1 客观风险的假设

若以口语化的方式简化这些"主义"，我们可以粗略地说，实证主义与后实证主义均假设我们所看、所闻、所触摸的感觉（后实证主义认为测量工具也是感官的延伸）都由"已经在那"（Out There）的客观存在造成；社会建构主义者则认为一切概念和理解（无论是否来源于感官刺激）都是在人与人的互动间通过语言媒介产生的，并不能百分百认定有超出我们意识和交流的客观存在。记得一次与俄克拉荷马州立大学的政治系主任交谈，这位环境科学出身的学者对社会学背景的风险管理研究很不以为然，表示环境科学中有很强大很成熟的方法来定义和测量风险的存在与级别，而"危机管理连这个概念都搞不清楚"。其实不仅仅是环境科学，很多量化工具完善的学科（如经济学和政治学）都对风险有客观和明确的界定，即风险虽然看起来并非已发生的事件，但该事件发生的或然性真实存在，且在人们采取有效措施干预前不以人的意志为转移。

在这种理解下，人们在风险决策过程中收集的信息都是由一个客观的风险导致，比如气象学家可能发现各种可以观测到的大气指标的变动符合"今冬有暴雪"的气象模型，而这些指标变动的根源就是一个暂时看不见摸不着但真实存在的"暴雪风险"，对应的气象模型则是连接暴雪风险和指标变动的理论归纳。"暴雪风险"的存在自然不是人们想否定它它就会消失的，所以各地政府和对天气敏感的组织最好提前做些准备，比如租用除雪机或制定应对规划等。但毕竟大规模降雪是件尚未发生的事情，再好的天气模型也只能给出一个介于 0 和 1 之间的概率来表示若干月内发生灾害性降雪的或然性[①]。倘若实际情况是没有雪灾发生，或者是强度/广度远超预估，假设风险客观性的论点会有两类（本质是一类）解释：① 小概率事件发生；② 模型或信息收集没有准确测量实际风险。由此得出的结论是，人们需要检讨在建立理论、观察气象指标、理解风险信息等方面的缺陷，把以后的研究重点放在科学理论和技术方面的突破，以求更加精确地预测暴雪风险。

9.1.2 主观风险：风险意识

对精确测量客观风险孜孜不倦的追求是人类科技发展的一大动力，然而，即便是历经不断修正和打磨的风险模型也不能保证人们在实践当中避免灾害，甚至有时耗资巨大的技术提升仍旧对风险决策几无促进。此时关注风险主观性的哲学观点就有了用武之地。风险决策和实施的参与人员可以大约分为四类：负责"精确测量"风险的技术专家，负责制定决策的权威人士，负责执行决策的实践者和受决策影响的一般大众。这四类人的互动过程是影响风险决策有效性的重要因素，"风险"概念在现实中的投射几乎完全依托于他们的解读。换句话说，从技术专家通过直接或间接观察留意到风险迹象开始，"风险"即在专家脑中形成一个抽象且主观的概念，这个概念会通过交流手段（语言文字、图表、颜色、多媒体等）传递到决策权威脑中。而当决策权威向执行人员发号施令时，又需要将已经是"二手"的风险概念转译为行动命令，如某类灾害风险一旦达到一定水平则需启用某项预案，预案中列明的职能部门则需派员派设备到某些地点开展工作等。若执行这些风险决策会影响居民生活，则需要再次将风险概念通过各类媒介转手到居民脑中以期配合行动。

站在"主观风险"的角度来看，现行的各类风险测量模型都是对过去发生的事件分析归纳得出的结论；对尚未发生的事件是否客观存在的讨论，若非荒谬也至少是毫无意义的——即便是专家们精心计算得出的或然性也是专家的意识，不能必然地推论出风险本身的客观性。此时所谓的"意义"是在专家形成风险意识时才产生的，因为只有在专家对风险有了理解之后才会产生后续一系列的决策和行为。因此，风险意识并非肯定是"在那"的客观风险在人们脑海中投射的"结果"，而必然是形成群体性风险意识和各类避险行为的"原因"。当我们继续深入了解风险的意识本质时，则不难发现我们对风险的理解往往植根于人类社会的互动和历史中。比如地质或气象专家需要接受全系列的教育，而教育内容则糅合了教师和课本中其他专家的观点，这些观点和理论又是基于现代科学的若干基本假设，如"时间不可逆""原因先于结果""能量由高向低传递"等。这些假设有些是人们通过观察和交流演绎的抽象论点，也有一些是先验的、"不证自明"且无人反对的公理。通过演绎得出的论点一旦遇到"例外"即可被证伪，而公理则是类似信仰一般无法加以辩驳和证明的意象。所有这些概念和观点都需要在社会成员的互相讨论和确认中慢慢积累；而这个积累过程，在通俗的理解中又是一个"唯心"的过程。当我们再回到风险本身时，或许只有"风险意识"这个"主观"概念是可以确认的、存在于我们脑海中的"客观存在"。

9.2 韧性、海绵城市及其测度

新概念和新词汇的产生和消亡也是一种"社会建构"，同一个词汇被赋予的意义可以跨越学科壁垒成为社会共识，也可能众说纷纭以致丧失意义而渐至消亡。风险和灾害管理中的"韧性"（Resilience）就如前者，最早出现于自然科学，然后推广至兼容自然与社会的心理和生态等学科，再扩大到管理类的社会科学。在这个扩散过程中，不断有新的含义被注入这个词汇，有时也会有不同的表述和翻译（如Resiliency、回复力、弹性等），但目前已经大致形成一个被共同接受的理解，甚至在各类决策实践中得到应用。与之命运相左的则有类似"社会资本"这样的概念，从金融和经济学的资本概念出发，引入社会学的网络概念，但囿于应用性不强，又难以作出有效的测量，则渐趋过气甚至可能会逐步消亡。这类跨越学科壁垒的概念在发展过程中会有大量的比喻性解释，以便给传播对象建立"启发"（Heuristics）或"意象"（Images）来帮助接受和消化。但比喻并非精确的描述，反而会强行扭曲概念原意以达到修辞的艺术效果，不仅在深入学习新概念时会妨碍理解，也可能将概念原意的推论错误推广至新的学科。所以学者和专家们有必要在引入新概念前多一些批判性、谨慎的审视。

9.2.1 跨学科的"韧性"概念

"社区和区域韧性机构"（Community and Regional Resilience Institute, CARRI）在 2013 年总结了"韧性"在各学科的表述，可以很直观地看出这些比喻式的传播和转化[1]。比如在物理学方面，戈登（Gordon）将其定义为"负载下发生弹性形变并储存能量而非断裂或变形的能力"[2]；在生态学中，霍林（Holling）等人将其大致描述为"吸收/缓冲影响或冲击而不发生结构性变化"的能力[3-4]；在社会学中，米利（Mileti）的表述包含"熬过极端事件而不遭受巨大损失"的能力[5]；罗斯（Rose）又把经济的"静态韧性"定义成"受冲击时仍能维持运转的能力"[6]。诚然，各学科的不同学者常有不同的认识和叙述，但我们往往不必太费力气就能找到以上如同互相转述一般的近似定义，这些定义的区别基本只限于将描述的对象由物体转化为不同的系统（生态、社区、经济实体等），其根源都是一种受到影响但不产生本质变化的能力。但不同系统间近似概念的类比或借用几乎必然会在引申和推论过程中出问题：一个物体受到的负载/压力与之发生变形的程度和种类都可以非常直观地测量出来，也容易预测并重复观察此物体回复至原样的过程；在一个生态系统中想作出测量并观察回复过程就复杂许多，首先对其造成影响的因素就更加庞杂，如大火、气候变化、人类活动侵袭等，其次产生的影响也有很多指标，如物种数量、种群数量、年龄结构、地理分布……最后整个回复过程也可能非常缓慢且难以达到实验室般的可控性；而到了人类社会的不同系统，则涉及的因素和复杂性更是急速上升，因而单纯的类比已难以应付学术和指导实践的需求。于是在风险相关的"韧性"定义中逐渐出现了"状态或过程""影响前或影响后""适应或抵抗""回顾或预测"等若干分化，在实践和检验中也有各类研究或政府机构提出了不同的指标体系，用来指导各地的风险管理和基金拨付，而无论背后有多少理论支持和重复性的实证检验。

国内规划界也有一个近似的概念：海绵城市。按照"土人景观"网站的介绍，这个概念是 20 世纪 90 年代后期出现的一个比喻式的城市建设目标，即如同海绵一般调节降水和避免洪涝的城市生态系统建设②。随后的 20 年间，"海绵城市"由学术概念进入规划政策实践，在城市水系统的规划建设中起到了很有效的指导性作用。与此同时，也有学者探讨这个概念的引申意义，即除了"短时大量降雨"等冲击外，其他的灾害性事件是否也可以像水一样被城市这块"海绵"吸收和包容，再慢慢排出[7]。然而这个时期也正好赶上了美国学界对"社区灾害韧性"（最初翻译为"回复力""弹性"等）的推广，两个概念短暂并列和交锋后，"海绵城市"在风险管理的相关学科中，似已处于"社区韧性"（或"韧性城市"）概念下仅针对水系统管理的二线地位。其实若从修辞意义上来讲，"海绵"之于"韧性"更为具象，而且兼具"吸收容纳"和"受压回弹"两重属性，在跨学科和面向大众的传播中更容易建立启发以帮助理解，却仍旧敌不过属于"舶来品"的"韧性"。这现象的组成有多少是"拿来主义"原则的体现，多少是学术语言中的权力地位的映射，还有多少是因为制度性（正式和非正式）的支持力度的差异，或许可以作为一个人文类的课题来进行探索。

9.2.2 "事前"还是"事后"

对物理或电视剧《生活大爆炸》感兴趣的读者多半对"薛定谔的猫"耳熟能详。这种"生—死"叠加态的思想实验，其有趣之处在于兼顾了简单的设定和烧脑的想象，但也有一个很重要却不大被重视的特点：一切条件设定看起来离普通人足够遥远——毕竟没多少人会在家里摆一个用放射性物质启动的杀猫陷阱。然而，在灾害风险的研究里，"薛定谔的猫"或许可以非常现实且稍显惊悚，因为我们每个人都可能是那只生死未卜的猫。

任何一个社区在某个实际灾害发生前其实都处于一个"高韧性"和"低韧性"的叠加态，也就是说，仅当一个灾害实际发生后，外来（或者本地）的观察者才能知道受灾社区到底有多高的韧性来抵挡或消解灾害的破坏性影响；在受灾前，即便我们能看到人们安居乐业，但对整个社区有没有能力化险（灾害）为夷基本无从得知。在此基础上也可以作出一个更令人左右为难的推论，即一个偏远的社区周边发生了某类灾变，但相关信息被全部封锁，则这个灾变是否造成损害以及社区里居民的死活（或遇难者与幸存者的比例）对于外界的观察者来说则只有统计学上的意义（即通过灾前收集的社会、经济、政治等信息推测灾损和伤亡概率），也就是这个社区处于"受灾"与"未受灾"的叠加态，社区居民成了所谓的"可生可死"的灾难"幽灵"。

尽管这种灾害叠加态有一定的现实意义，参与风险决策的实践和研究人员也多会对其不以为然。首先做到完全的信息封锁实非易事，毕竟当下是信息时代，消息传递迅速且渠道极多。其次，被困在社区"盒子"里的是人而不是猫，社区居民本身即观察者，也有主观能动性来应对灾害和风险。最后，即使从社区之外的观察者角度考虑，倘若可以把灾前社区的各项指标与灾后可能产生的影响建立起很强的逻辑关系，就算无法拿到封闭社区的一手信息，观察者也可以有充分的信心确定损失大小和伤亡数量（范围）。在统计意义上，如果重复运行这个利用灾前信息建立的模型一百次，其中有九十九次的结果都基本一致，则这个结果可以被认为几乎就是"事实"本身。决策和实践人员自然可以通过模型推导出结果并提前或即时作出安排。当风险事件发生时立刻开展行动，这也是目前主导各类各级别备灾演练的原则之一。

将风险理解为"事前"与"事后"的两类观点也反映了"韧性"研究的两重性（悖论?）：决策于事前，观察于事后。也就是说，目前各类文献和法规中对一个行政区各种灾害韧性指标的记录和规定都是假设"如果我们做到了这些，则将来发生风险事件则可以很大程度减少损失（或尽快恢复）"；而每个灾害结束后的总结或"行动后报告"（After-Action Reports）才能真正体现该受灾社区的韧性高低。但问题在于，能造成很大影响并超出灾害容量的重大事件并非时常发生，所以像重复实验一样不断观察某个社区的灾后恢复极难做到；当前也没有一个模型能够完全重现一个社区所有的行动变量，也就无法做到绝对真实的模拟。这就迫使风险学者们转向分析整个社区系统的组成部分和收集类似社区发生过的类似灾害数据来整理出一系列的"韧性指标"。一个极端简化的比喻则相当于一边分析即将被放入黑盒的猫的特征，一边整理其他已经打开盒子后的遇难猫和幸存猫的特征（包括询问活下来的猫在盒子里做了什么），力图整理出一系列能够影响"薛定谔的猫"的生存概率的变量，以预测这只即将被放入黑盒的猫的命运或训练此猫预先作出哪些准备来争取活命。至于这样总结出来的指标效果如何，大约仍然需要等到若干年后有足够灾害和恢复的样本时才可以最终确定。

9.3 城市风险研究：跨学科还是多学科

城市社区因其复杂性和多样性吸引了无数不同背景的学者来研究和分析，而出发点的差异也给城市风险的理解带来了很多冲突或争议。因而在城市风险和灾害研究中时常见到对学科完备性的讨论——以公共部门和社会大众为对象的风险或危机管理究竟是一门跨学科（Interdisciplinary）专业，还是多学科的（Multidisciplinary）综合？定义学科地位的必要性除了一些传统的理由外，如理论的系统化、教育和实践的可操作性、标准化等，也会给实体和个人带来很切实的利益影响，如以一定级别的学科申请教学和科研基金/补贴、扩大生源、争取政策话语权等。本章前两节主要从本体论（Ontology）角度探讨了这一"或然"学科的两个重要概念，但在知识论（Epistemology）方面仍有值得思索的内容。在笔者的理解中，定义一个完备的学科需要回答至少两个问题：

第一，有没有能被几乎整个学科普遍接受且能经受住不断抨击和修正的"基本理论"（如质能守恒方程和"政治—行政"二分法）?

第二，是否能通过有限的交流使新入行的学者在此基础上形成自治的理论系统（如博士生在资格考中可以将所学内容合理有机地组织在一起来解答复杂问题)?

换句话来说,即一个学科需确定"我们知道了什么知识"和"我们如何知道我们知道了这些知识"。

9.3.1 多学科的风险研究

仍旧回到风险这个核心概念。风险研究和管理在已有学科中的差异可谓巨大:笔者每年秋季都要给危机管理专业的本科生教一门"风险管理"课程,最初三年常有商学院的同学因为错过了本院的同名课程来申请选修我这一门课。可惜除了少数对灾害风险和公共部门实践感兴趣的学生外,大多在开学一个月内决定退课(损失三成到一半的学费和选修其他课程的机会)。直到第四年,笔者申请修改课程目录并上传了一份简介视频到课程平台后,才使得这些学生避免了由学科差异造成的时间和金钱损失。从商学院的公开课程说明来看,他们的风险管理多以商业经营实体为出发点,或对投资或经营项目过程中遇到的风险作出分析和管控,或对目标客户/市场的行为风险作出归纳和预测。诚然,公共部门管理,尤其是城市经营方面也需要应用同样的理论和实践经验,但当面对各类灾害威胁时,城市或社区对风险的"格致"则是沿用完全不同的理论框架和指导原则,比如危机管理的"灾—害"关系、生命周期、核心能力,以及风险意识在交流和行为中的投射等。公共部门应对灾害风险的手段和机构(如 IMS、消防和执法)也与公司企业不同。而在同样以风险为核心概念的公共政策课堂上,微观经济、概率分析、贴现、成本收益分析等框架又成了主要内容。

而到了城市这个"特殊复杂巨系统"[③]中,上述对风险的研究框架都有很大价值,同时对城市风险研究同样重要的还有生态、气象、地质、水文、行为等多个"成建制"的学科——它们的风险理论框架也自然包括在内。但迄今为止,尚未有一个统一且独立的"城市风险"基础理论可以涵盖绝大多数的城市风险议题,即便是最为接近的危机管理专业,也尚未把公共部门管理之外的工程技术、经济运行、水文气象等因素完全融入理论框架。

9.3.2 成长中的跨学科专业

因此,我们可以大致确定城市风险决策仍是由多学科理论组成的一个议题综合,但结合近期中美的实践发展(如中国新近成立的应急管理部和美国全方位贯彻的灾害韧性政策目标),一个成长中的跨学科专业已经隐隐成形。美国危机管理的学科发展或许可以提供一定的参考:起源于 20 世纪 80 年代的技术官员对灾害风险的认识,在 90 年代引入社会学对灾害后果的思索,紧接着又组织学者向学科加入灾害迫切性、危险和机遇并存的特征，21世纪初社会学家们再次贡献了脆弱性的概念以解释灾害发生的原因，再到如今由行政理论全方位主导下的灾害韧性范式。整个发展过程可谓不断地将各个相关学科落实到对人类自身的观察和管治当中。因此，若我们假定城市风险决策最终仍是以人为本，则未来可能出现的基本理论或许还会由行政管理或危机管理主导，或是以经过大量修正的、并非完全"理性选择"的政策分析理论为框架。

继续回溯危机管理学科的成型。在20世纪80年代之前并无所谓的"危机管理"专业，所有对灾害的应对和治理都集中在各级政府和私有组织的实践经验总结当中。彼时的危机管理中，概念和理论的传播几乎都是以培训形式出现，即由实践人员总结自己和组织内多年的经验编写记录并成为教材，同时区域管治机构或各级政府相关部门汇集这些良好经验并形成政策性的培训指导原则[8]。直到一批"学者型"官员认识到科学理论对促进实践效果的重要性后，才开始集中全国资源于北得克萨斯大学（University of North Texas）建立了第一个"危机行政与规划"（Emergency Administration and Planning，EADP）本科专业。然而，自从教育和培训分离开始，危机管理的学术圈就不断受到"脱离实际"的批判，而各种行政和专业协会也不断强调教育和研究一定要以实践价值为出发点。更不必说一线出身的官员和技术官僚（尤其是20世纪90年代以前参加工作的）对理论性的探讨和批判有多么不以为然，在他们的理解中，任何大样本的实证检验或严格设计的案例分析统统不如自己亲身参与的几次灾害应对有说服力。

这就带来一个值得讨论的问题，当一类知识由培训转向教育，并形成学科后，追求直截了当、立竿见影的"现实意义"是否仍然应当作为学者和高等教育机构的指导原则？自然科学学科已经有了明确且否定的答案，甚至可以将理论探索和实证检验分离；工程类学科则在一定程度上肩负起转化自然科学发现为实践的责任，但也有很多新奇却"不务实"的创造性成果。相比之下，社会科学各学科则显得更为芜杂——一方面对理论本源有很深入的哲学思考，另一方面又表现得很"接地气"，冀望学术成果和学生直接转化为生产力和所需的劳动力。探讨研究背后的哲学本质常常是出于难以用科学检验理论的无奈（以人为研究对象的道德障碍），而凡事皆"有用"的追求或许源于学科生存的挣扎，因为人类社会仿佛并无高深莫测的终极奥妙以供想象力纵横驰骋，专家学者穷尽思考发表的理论也似乎人人都能读懂，所以只有"学以致用"的功能才会引起大众和政客的兴趣，以从各类资源中获得生活所需的资源。至于这种追求会带来多少短视后果，是减弱还是强化学科的竞争力，依然是一个颇具争议并等待更多思考和探索的问题。

第 9 章注释

① 较为准确的说法是"若同样指标重复出现,则平均来说一百次内有若干次会发生暴雪"。
② 参见 https://www.turenscape.com/topic/spongecity/index.html。
③ 参见这个词听上去很酷,但总让人有一种类似"邪恶问题"(Wicked Problem)带来的无力感。

第 9 章参考文献

[1] CARRI. Definitions of community resilience: an analysis[Z]. Washington, DC: Meridian Institute, 2013.

[2] GORDON J. Structures[M]. Harmondsworth, UK: Penguin Books, 1978.

[3] HOLLING C. Resilience and stability of ecological systems[J]. Annual Review of Ecology and Systematics, 1973, 4: 1–23.

[4] HOLLING C S, SCHINDLER D W, WALKER B W, et al. Biodiversity in the functioning of ecosystems: an ecological synthesis[M]// PERRINGS C, MALER K G, FOLKE C, et al. Biodiversity loss: economic and ecological issues. Cambridge: Cambridge University Press, 1995: 44–83.

[5] MILETI D. Disasters by design: a reassessment of natural hazards in the United States[M]. Washington, DC: Joseph Henry Press, 1999.

[6] ROSE A. Economic resilience to natural and man-made disasters: multidisciplinary origins and contextual dimensions[J]. Environmental Hazards, 2007(7): 383–398.

[7] 徐振强. 中国特色海绵城市的政策沿革与地方实践[J]. 上海城市管理, 2015(1): 49-54.

[8] FEMA Higher Education Program. Chapter 1: introduction to crisis, disaster, and risk management concepts[EB/OL]. Emergency and Risk Management Case Studies Textbook(2019-01-16)[2019-08-28]. https://training.fema.gov/hiedu/aemrc/booksdownload/emoutline/.